学習院時代の著者。右は姉・顕瑠

旅順市第二尋常小学校卒業記念写真。後列一番右の生徒が著者(1931年)

学習院時代

来日直後、麻布の満州国公使館前で

旅順の生家・粛親王邸

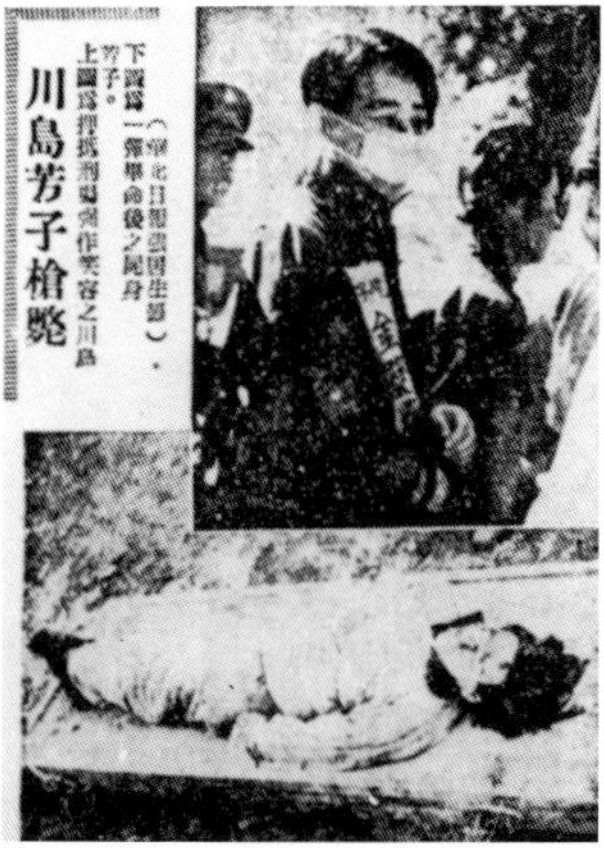
川島芳子槍斃
上圖爲押抵刑場尚作笑容之川島芳子。下圖爲一彈畢命後之屍身（華北日報記者攝）・

姉・川島芳子の銃殺刑を伝える
当時の新聞（1948年）

北京での鐘紡勤務の頃（1943年頃）

学習院の同級生と。後列右から6人目が著者

1976年の唐山大地震後に住んでいた農場の防震小屋の前で

1982年、北京を訪れた上坂冬子さん（右端）と著者（右から二人目）

中公文庫

清朝の王女に生れて

日中のはざまで

愛新覚羅顕琦

中央公論新社

目次

清朝の王女に生れて——日中のはざまで

序章　戦争が終わった北京

一九四五年八月の北京を私は、今も鮮やかに思い出す事ができます。ポツダム宣言が公布されて、日本は戦争に負けてしまい、北京の日本人も大変な事になりました。友人は、「来るべき日がついにきた」と言い、私は国民にはなんの罪も無いのにと、気の毒でなりませんでした。でも、自分にも大きな不安がのしかかっていました。私は、清朝八大親王の中の一人、粛親王の一番末の娘として生まれ、清朝はすでに滅び、父は亡くなっておりましたが、封建没落貴族家が辿るこれからの運命、私の将来についてはなに一つ分からなかったのです。

またたくまに、町の中は、国民党の兵士とアメリカ兵及び白いヘルメットのMPが日本兵に取って代わり、東単から北新橋までの道路の両側には日本人のありとあらゆる品物が並べられて、着物や腰巻までがひるがえっているのを見た時、私は何ともいえない惨めさを感じました。

今まで禁じられていた娯楽機関がすべて解放されて、ダンスホール、アメリカ映画、バーと町の中は急に騒然となり、良家の子女はあぶなくて外出も出来ない状態となりました。

私達兄妹は自分の家から東単の広い庭つきの家に引っ越しました。これは兄の憲立(同腹の長兄)が自分の妻が日本人であるため、他の兄弟姉妹に迷惑がかかるといけないという考えから決めた事です。

ちょうどこの年の夏、未だ東単に引っ越す前に私と芳子姉が大喧嘩をしたのです。彼女は、清朝の王女に生まれながら日本人川島浪速の養女となり、「東洋のマタ・ハリ」として銃殺刑に処せられて、運命を狂わされた女性「川島芳子」なのです。マタ・ハリとはオランダの女スパイの名ですが、川島芳子も中日戦争下に日本のスパイだったと疑われて銃殺になりました。芳子は私より一まわりほど年長で、同腹の姉です。芳子姉は私に一緒に住まないかと何度も誘いました。私は、当時の彼女のまわりの人達を見、また彼女自身の生活態度を見た時からガッカリしていたのでとてもそんな話に応じる気になれず断り続けました。そして出来るだけ顔を合わせないように毎日親戚の家へ行っておりました。それが、彼女の逆鱗にふれたのでしょう、或る日とんでもない方法を用いたのです。つまり彼女の身辺の世話をしている日本人男性、小方八郎の名前を使って私にラブレターを送って来たのです。一目でわかるその卑劣なやり方に私が怒ったのはいうまでもありません。それで私達姉妹の間は、明確な感情の割れ目が生じてしまい、それっきり私は、もう彼女の家へも行かなくなったのです。そのまましばらく経った或日、彼女は、突然見知らぬ中国のならず者を連れて私の部屋に来て軍刀を抜いて大暴れに暴れました。私に「あやまれ！」と言うのですが、勿論私はあやまる理由がないので「話があるならそこへ座って静かに話したらよい」というと、「オレはお前ほど学問はないからな、お前は口から先に生まれてきたのだろう？　お前はオレを馬鹿にしてるのだろう？」と言ってガラス棚や窓ガラスを割りだしたので母屋の人達がきいてびっくりしてとんで来ました。勿論、私はそれまで一声も大声を出してません。彼女は軍刀で私を打てば私が大声を出して助けを呼ぶと思ったらしい。

やがて、使用人が大声で、下の兄が帰って来たと告げたので彼女はびっくりして打つのを止めました。その兄が「何をするのだ、話があるなら僕の部屋へ行こう」と彼女を連れて行くのを私は後から追って行き「なぜこんな下品な振る舞いをするのか理由をいいなさい」ときめつけると、しばらく彼女は黙っていましたが、急に「お前はなぜオレの誕生日に来なかったか」と言うのです。芳子姉は昭和の初めに「男装の麗人」として日本で脚光をあびており、服装はもとより言葉も完全に男言葉でした。私が呆れて「あんたは年に何度誕生祝いをやるのか知れたものじゃないわ、何かと言えば誕生日だと皆から色々もらう下品な行ないは止めた方がいいわよ」とやり返すと、彼女はよほど悔しかったのか、足で私を蹴りました。

兄はその前に私を軍刀で打ったなど知る筈もなかったし私も告げませんでしたので、それほど怒ってませんでした。しかし、今目の前で私を蹴ったのです。兄はカーッとなって「何をするのか！」と彼女をひきずり押しのけました。この時長兄が帰って来たのです。これを聞いた彼女は兄と弟の二人になぐられたら大変と思ったのでしょう、早速ならず者を連れて逃げだしました。長兄は部屋に入るまで私がなぐられた事を知りません。私は平然とソファに座っていたのですが「どうした？　彼女また何しに来た？」ときくので「ケンカよ。私が誕生日に行かなかったからって殴り込みに来たのよ。見て、窓ガラスとガラス棚を」というと、長兄は初めて奥の間の様子を見てびっくりし、「なに？　乱暴しに来たのか？　君をなぐったのか？」こう言うやいなや、パッと飛び出して行きました。後で使用人からきくと長兄は庭のカンヌキを持って玄関へ走っていき、まだ木炭車でエンジンのかからない車の中をめがけて突っこんだそうです。その時彼女は座席の下にしゃがみ込んでいたとか。そして、車を早く出せと大声で叫んでいたそうで、この時もし使用人達が一生懸命長兄に「どうかお怒りを静めて下さい、そんな物で打つと危ないです」としがみつかなかったら、おそらく兄は車から彼女を引き摺り出していたかも知れません。幸いな事に車にやっとエンジンがかかり、彼女は逃げ去りました。

もうこの時、彼女はモルヒネ中毒で完全に人格に破綻をきたし、何をいっても無駄のように思われました。

私達が東単に移ってから二年間、日本の友人の帰国を見送ったあと、私はほとんど家の中で読書したり、常連の来客と話したりして暮らしてましたが、やがて兄嫁は日本に帰る事に話が決まりました。

国民党が北京に入り、いわゆる「接収大員」の世の中となって、北京は日本時代よりも騒々しく一日として落ち着いた日はありません。物価はうなぎ上りとなり、紙幣は変わって、町のいたるところで、「大洋」（銀で作られた一元硬貨）の闇売りがはびこり、共産党が近々入城と人心は乱れるばかりでした。

ちょうどこの頃です。芳子姉が逮捕され裁判に回されたのは。間もなく毎日のように新聞に彼女が法廷で国民党の審判官を翻弄している様子が載り、北京市民の話の種となっていました。

長兄はやはり兄妹の情として彼女を見捨てるわけにもいきません。色々な方法を考えて差し入れもしておりました。前にも述べました通り、私達の引っ越したところは東単の西観音寺という胡同で、これと続いた東観音寺胡同には日本人居留民委員会があり、また日本のお寺のお坊さんなどもおりました。国民党の頃は「留用人員」として日本のお医者さんや看護婦さん、技術員などが残されてました。それが三年と続かぬ中に解放軍（共産党）入城となったわけで、芳子姉の判決がまだ決まらぬ中に共産党入城の声は益々高まっていきました。

そんな日、突然新聞に「漢奸金璧輝被判死刑」が発表されました。漢奸というのは中国を裏切った者という意味で、金璧輝は川島芳子が自分でつけた中国名です。たしか一九四七年秋の事だと思います。但しこの時は初判でその後再審が申請されて相変わらず世の中を騒がせていました。当時の「北京小報」には毎日のように彼女の法廷でする答弁や審判官をあなどる様子がでたり、公然と国民党の悪口を叩くありさまが、民衆のあいだでは大変な人気でした。

長兄は心配して外で色々対策を考えていたようで、毎日のように外出していました。

私達の越してきた東単の家はもともと日本人の歯医者さんの診療所と後ろの方は何かの倉庫に使われていたらしく、私達はおなじみのあるお医者さんに紹介されて引っ越したのです。ところが、これがまた大変な事になりました。その頃国民党は日本人の住んだ事のある家を片っ端から捜査しており、或る日、突然物凄く前門の戸をたたく音がして、婆やと兄の子供は震え上がり私の所へとんできて「どうしましょう」「こわい」「こわい」と騒ぐので何事だろうと暫く考えたのですが、その間も戸を叩く音は益々激しくなり、四、五人の男の声で何かわめいている。この頃北京ではよく国民党の兵隊どもが民家に押し入り、乱暴していたので兄の留守に日本女性の兄嫁に何かあっては大変な事になります。私は、意を決して出ていき厚い板戸ごしに「何の用ですか？」とききました。

先方はやはり兵隊らしく剣付き鉄砲をさかさにして戸をやたらと打っている。私はさらに大声で「何の用ですかと聞いているのが分からないのですか」と怒鳴りました。先方もいきりたって「あけろ、あけないとブッぞ！」とわめく。「この戸はあかないのですよ。郵便受けからのぞいてわかっているでしょうが。こんなに沢山の石炭が積んであるじゃないの、用があったら裏口に廻ってください！」とやりかえしたところ、彼らはかわるがわる郵便受けからのぞいてしばらくモゴモゴ話していたのですが、さっぱりわかりません。湖南の方言なのです。間もなく去ったようですが今度は裏門が危ない、私は大急ぎでボーイ部屋に戻り、皆にいざという時の準備をさせてまさに一戦交えんばかりの心構えをしたのですが、どうした事か、待てど暮らせど誰も来ませんでした。

そうこうしている中に、兄嫁が日本に帰る事になり、子供四人は私が世話する事になりました。兄はちょうど、貿易団と一緒に香港に行く準備をしており、この時期はなんともいえずあわただしい日々でした。

一九四八年三月の末も近づいたある日、突然「金璧輝今晨六時四十分于北京第一監獄被執行」というニュースが出ました。私は芳子姉の倒れている写真付きの新聞を見て暫くの間、なんともいえない複雑な気持ちでした。でも、正直なところ涙の一滴も、零れてきませんでした。私は、むしろ、彼女の最後はこんな風であった方が彼女らしくて良いのではないかとさえ思いました。

その後、兄が彼女の死後の処理を北京東観音寺のお坊さん古川某氏に依頼したと聞きました。

間もなく、私は友人のCさんから二葉の写真を見せられました。これは芳子姉が処刑された直後のもので、一枚は処刑直後地面に倒れているもので頭髪は長く、女性の断髪となっておりましたが、間違いなく本人でした。もう一枚は日本文字で川島浪速宛の遺言でした。これは或る外国記者の撮ったものだという事でした。監獄の中で彼女はモルヒネ注射も断たれ、髪も長くのばさせられたという事は聞いておりましたので、昔の彼女のイメージとは違うと思う人がいるのも無理からぬ事です。頭部の方に立って上から撮ったその写真はバッサリと髪が乱れて、顔ははっきり撮れてません。しかし、身体つきといい、手足の形といい彼女である事には間違いありません。当時すでに四十歳を越していた彼女は前よりも多少太っておりました。これで「金璧輝」の件は一応落ち着いたかのようですが、二カ月もたたない中に巷では、またまた彼女の事で持ちきりとなりました。今度は、死んだのは替え玉だという流言です。これはなぜかというと、当日処刑される時、国民党はなぜか中国の記者は一人もいれず、アメリカの記者を入れただけでしたので、中国の記者連中は憤慨して、法院（裁判所）にたいする鬱憤やる方なく「替え玉だ」と大々的に書きたてて報道したからだと言う事でした。このため、今になっても「川島芳子は生きている」と信じている人がいるのです。

　巷では日本留用人員引き揚げの場合、国民党の「接収大員」が見て日本人専用の大邸宅や各機関のあらゆる物を「接収」という名目でさらっていきました。勿論、中国人でも「漢奸」と指名された人の家はこの「接収」から逃れる事はできません。このため街中トラックや荷車で大変な騒ぎです。

　北京に国民党が入ってきてから、街の中は、いたるところアメリカ兵と、国民党でありながら上から下まで全部アメリカ軍装の将校達が横行し、ジープの暴走、婦女暴行、喧嘩などは日常茶飯事となりましたが、これに対して国民党は見て見ぬ振り、市民の不満は募るばかりでした。

　グリーンレンズに金ぶち眼鏡をかけた国民党の将校連中は背の低い四川や湖南の人が多く、それが、申しあわせたようにダンサーか商売女を片腕にダンスホール、バー、カフェーと出入りし、国民党に変わって白いヘルメットに短い棒を手にしたアメリカ軍のMPが絶大な権利を持っていました。北京元来の住民達は日本兵の横行に勝るとも劣らないその仕業に失望し、外でこそ固く口をつぐんで何も言わないが、家の中では罵らない人はありません。おまけに、物価は日に日に上がり、主食のお米やメリケン粉など、一日三回の値上げは当然という程になり、貨幣は二度三度と変わって、銀行へお金を出しに行く時は麻袋を使わなくてはならない程になったのです。「国民党も、終わりにちかい」のささやきがしきりでした。

この頃国民党と共産党の会議が北京のロックフェラー病院で開かれており、「共産党入城」の声が益々たかまってきました。

一方、妻を日本に帰した兄は、自らも香港に脱出すべく北京、天津と奔走しています。私は留守をあずかって、代々わが家にいる婆やを相手に、もっぱら兄の子供四人の養育に当たっておりました。

北京も空襲を受けるというので、人心は益々混乱し、家の婆やなどは毎日オロオロしてましたが、或る日、本当に北京の南苑飛行場に爆弾が落ちたのです。また、街の中では実に馬鹿げた話が次から次へとまことしやかに伝わりました。共産党に対しては、歓迎派と反対派と恐れる派とでザワザワと落ち着きません。家の婆やは私に真面目な顔して「なんでも、共産党は全ての物を共産に付し他人の奥さんも共有にするのだそうですが、それは、本当でしょうか?」ときいたものです。北京の住民は只でさえこんなに落ち着かない毎日なのに、金円券とか法幣とか官金とか貨幣は次々に変わり、物価、それも主食のメリケン粉は日に三度も暴騰して、貧しい労働者は本当にあえぎあえぎの暮しです。しかも、ちょうど旧正月も近いのに誰も先の見通しがつかず、会う人ごと「本当にどうなるのでしょう」と言うのが挨拶がわりとなっていました。

そうした中で春節を迎えた次の日、突然共産党入城の報が飛び、私は一人で「灯市ロ」と「八面糟」の曲がり角に立って何百台ものトラックに分乗して入城してきた共産党の兵隊を大勢の市民に混じって迎えました。この日私はどうした事か街に出ていたのです。兵隊のトラックに混じって市民の歓迎隊のトラックには気狂いじみた男が大声で手を振り足を踏んで「共産党万歳！」を叫んでいたのが、印象に残っております。道の両側には群衆がギッシリ立ち並びそれぞれ手に小さな赤旗を持ってました。私は彼らがいつの間にこんなに沢山の旗を作ったのだろうかと不思議でなりませんでした。また、共産党の質素な身なりにもびっくりしました。今まで日本の軍人と国民党の軍人、そしてアメリカの軍人を見て来た私は、共産党の軍人が布靴をはいているのを見てたしかに胸打たれる思いでした。

此の間にも兄は貿易団体に加わって香港に行く手続きを続けており、やがて出発となりました。その寸前に兄は或る外人に頼んで大金を米ドルに換金するはずだったのを、全部その外人に持ち逃げされたので、私の手元に残して置くべきお金を持って行く他どうしようもありませんでした。私は別に何とも思いませんでしたが、兄は大変なショックを受けたようでした。

兄は、まだ小学二年になったばかりの息子を引き寄せて、涙ながらに「俺が一番心配なのは、これっきりでまた会える時が何年先になるか分からない事だ」といいますので私は「何を大の男がメソメソするの、安心して行きなさい、私が生きている限り貴方の四人の子を飢え死にさせるような事はないから」と言い涙を見せませんでした。兄が家を出たあとで、せめてお見送りくらいさせなくちゃと気づいた私は、大急ぎで男の子だけ連れて北京駅に駆けつけました。幸い汽車は未だ発車しておらず、兄は思いがけない見送りに大変喜んでくれたようです。この日から私が兄の四人の子の世話をする事になりましたが、上が女の子で二番めが男の子、その下に二人の妹でした。この他に婆や一人とその娘、二番目の兄の子が二人私の所におり、合計九人の生活となりました。しかし、兄が置いて行った現金はたった百元でした。

こうして、身内がバラバラになり、私を頼りにする子供達にかこまれると、責任は重く、ずっしりと肩に食い込んできます。そして、私の心中を走るのは、親王の一番末の姫君として過ごしてきた歳月でした。

第一章　父の葬式

清朝八大親王の中の一人、粛親王の一番末の娘である私、愛新覚羅顕琦《けんき》は、一九一八年九月十四日に生まれました。アイシンは満州語で金を意味するので中国姓は金、字《あざな》は黙玉です。清朝はすでに滅び、父が旅順に亡命した後の事で、したがって私の故郷は、旅順となるわけです。

父、粛親王には正室と側室、合わせて五人の妻室がいました。私はその第四側室の末っ子ですが、同じ母から生まれたきょうだいは九人（兄が六人、姉二人と私）で、他の母のきょうだい全部を入れると男二十一人、女十七人、計三十八人にもなります。これまでに同腹の兄、姉という表現をしたのは、こういう事情からです。私は全部のきょうだいの末っ子になります。しかも、四歳の時、僅か一ヵ月の間に両親が続けて亡くなりました。

父の死は一九二二年二月十七日ですが、物心付き始めた当時の私に、最初の一大事として深く印象に残りました。ことに、お葬式前後の賑わいは大変なもので旅順の人は申すまでもなく遠い田舎からの農民までめったに見られぬ儀式だと大勢見物に集まりました。

清朝の習わしとして、親王は真紅の棺桶に納められるのです。しかもこの棺桶は金糸楠木のような硬質の木材で作られ親王の即位と同時に墓地と共に用意され、それからは毎年一度ずつ漆が塗られていくのです。

父が危篤になりますと北京から棺が運ばれてきました。親王の棺をかつぐのは六十四人と決められておりますが、途中で交代するもう一組の六十四人を入れて百二十八人となります。勿論、この他にも家代々の執事や使用人達もゾロゾロ北京から馳せ参じ、親戚友人をも入れると二、三百人の人が集まり、彼らは父の屍と共に一斉に真っ白な木綿の喪服となりましたので家中白一色になりました。

北京運送の汽車が整えられるまで毎日のように北京からのお坊さん・ラマ僧、旅順・大連の各寺のお坊さん、日本のお坊さん等の読経が絶えませんでした。

やがて、霊柩は北京へ運ばれる事になりました。前方の霊柩が徐々に徐々にと平穏を保ちつつ進まなくてはなりませんので、最後の車が家の玄関を離れ旅順駅に全部到着するのに一日もかかったそうです。私は、末っ子でも姫君である以上行列順序としては相当前方になります。それなのに、私は婆やに抱かれたまま眠りこんでしまいました。それで風邪をひいたら大変と家の中に帰されたそうです。私とすぐ上の姉は余り小さいので、そんなぎょうさんな行列に加わって北京まで行くのは無理だと言う事になり、乳母や婆や、奥女中の幾人かをつけて旅順に残されました。

父は親王なのですから、葬式は、たとえ清朝がすでに滅びたあとでもやはり清朝時代に決められた親王としての葬礼通りに挙げられたのです。その大がかりな様子は想像がつかないだろうと思います。

先ず紙で造られた色とりどりの男女の人形、金や銀色の紙で張られた「金山」「銀山」、乗馬用の馬、ホロのついた車等々、それを二人か四人の人がキチンと順序良く一定の間隔をおいて前方で持ち運ぶのですが、この数がもの凄く多いので行列の長さの大半を占める事になります。本家のは勿論、親戚や友人からも送られてきますので、旅順のような町の専門店の紙はたちまち無くなり大あわてで遠く大連は勿論奉天などから大量な紙を仕入れ、大もうけしたそうです。

この「紙活」と呼ばれるあとに続くのは長男を中心とする男の兄弟です。長男は「喪主」という意味の白い紙を棒の先につけたものをかつぎ（日本の神社でおはらいに使われる幣と似たようなものですが、これは縦に担ぎ横に倒しません）、頭にも白い鉢巻きを巻き、身体には白木綿の喪服をつけます。両脇に一人ずつ侍者が彼を支えます。そのあとに次男、三男と順に続くのですが何もかつぎません。同じく両脇に一人ずつ支える人がつきそいます。すでにこの時点で死亡した王子もいるので二十一人ではないけれども、全王子が一列縦隊に続くのですからこれは大変な長さとなるわけです。その後は親王の正夫人、側室の夫人がそれぞれ馬車の中に姫君を大きい順序で連れて続くのです。母方と姫君は全部自動車に乗り、車内にコンロ（銅製の）を入れたそうです。自動車も勿論旅順だけのでは足りなく、大連からも集めてきました。それでも足りないので馬車に乗らなければならない女客もいて皆毛皮を着て懐炉を入れたのですが、なにしろ二月の旅順の事です、一日がかりの戸外で馬車に乗りづめは、大変な難儀だったそうです。

後々になってからも、旅順土着の婆やが良く当時の事を話してくれ、自分は生涯のなかでまさかこんな大きなしかも親王様の葬儀を拝見出来るとは夢にも思いませんでした、本当に立派なものでしたと改まった顔付きで何度も私に話してくれました。

こうして、霊柩は汽車で奉天、山海関を経て北京に運ばれたのです。奉天では張作霖が恭しく大勢の人を引き連れて礼拝しました。また奉天には清朝時代の主な離宮の一つ「北陵」があり、その関係の人々がほとんど全部出て来ましたので駅に臨時に設置された祭壇は礼拝の人が絶えず、汽車はなかなか発車出来なかったそうです。

清朝時代の有名な「承徳離宮」のあるところで清の前期ごろは政府第二の政治の中心として栄えた土地です。清が滅びたあとも此処に定住した中国人は少なくありません。このため、彼らも全部駅に駆けつけ礼拝するので汽車は又長時間停車となりました。

汽車はようよう北京に到着しますが、此処は一層輪をかけた人出となりました。中でも目立ちましたのは袁世凱の出迎えです。袁世凱は清王朝に代って政権をとろうとたくらんだ人物ですから本来なら清王朝の敵です。しかし袁世凱は清朝時代から父を尊敬し慕って、当時の私の家へよく出入りし、父も最初は彼の聡明さを認めていたという事で、彼は父に取り入るため、当時としては珍しい英国製の自転車などを一度に七台も兄達に玩具として贈呈したりしました。

父が旅順に亡命したあとも、彼は度々北京から使者を出し父に北京へ帰られるよう懇願したが、父は受け入れませんでした。彼が皇帝になろうとした事をきいてからは尚更だったと思います。それでも袁世凱は、父を心から崇拝していたという事です。これが又当時の評判となりあとまで話題になりました。皆、これは、父の人格と見識の広大さに依るものだと申しました。

さて、霊柩が北京に着くや否や、大勢の親戚と各親王およびその侍従達で北京駅は埋まり、多くの人々は皆ひざまずいて父の霊柩を迎えました。

北京駅は当時前門にあり、そこから私の家の代々の墓地の中の一つ「架松」というところまでおよそ十キロ程の道路は親戚、友人から送られた「茶棚」が幾十と連なり、霊柩は徐々に徐々に進み、しかも「茶棚」に出会う度、行列は止まり、そこで「槓夫」（棺をかつぐ人夫のこと）やその他の人夫にお金が配られるのです。もっともこれは霊柩の前に拍子木を打つ頭目たる人に渡されるのですが、同時に送霊者にもお茶が出されます。そして「紙銭」を道にばらまくのです。この「紙銭」はロバ車に山と積まれて行列に続いて行くのですが、この日貧民達が競ってこのまかれた紙銭を拾うだけで大変な収入になったという事です。この紙銭はまくだけでこの時は焼く事はしませんので雨でも降らない限り、拾って揃えれば又売れるので貧しい人は皆競って拾うわけです。その日まかれた紙銭で道路は埋もれてしまうほどだったと後々になってきかされた事があります。

とにかく、親王の葬儀は皇帝に次ぐものなので、清朝が滅びたあとにせよやはり大仰なものでした。

「架松」というところは北京崇文門外にある粛親王の墓地の一つです。父も母もここに埋められました。この墓地は一番北京に近い墓地で松の樹が沢山植えられてあり、中の老松には支柱が有りますので「架松」と名づけられたのです。一番奥の第三院が、お墓のある庭です。親王の「宝頂」と称せられる円いおまんじゅう型のお墓は真っ赤に塗られたものです。

父は夫人より早く亡くなりましたのでお墓の（墓穴）石門は先ず片方だけ閉められました。正夫人が亡くなった時「並葬」と称して同じ墓穴の中の部屋に棺が並べ置かれ、ここで初めて石で造られた墓穴の門がぴったりと閉められるわけです。他の夫人（側室）のお墓はそれぞれ父のお墓の両側に順位で別々に造られます。勿論父の時はもういけにえなどありません。しかし、大きな瓶に一杯の油を入れて長い長い灯芯のような物を入れて火をつけます。これが「長命灯」と言うもので石門を閉じても燃え続けるといわれます。他に生前死者の愛玩したものなどはお棺の中に細々と入れますが、棺の中に敷くものとして真珠や檀香などが使われ、又死者の口中には必ず大きな真珠をふくませます。

この墓穴に棺が運びこまれると他の夫人や叔父叔母などと私達子供等はその周りに集まって一人ずつ一握の土を投げ入れ、これを以て自ら親を埋めた孝行のしるしとするわけです。

家族は三日間泊まり込みの追悼となります。勿論男子達は七日又はそれ以上泊まります。女子は家に戻って毎日のように金銀箔の紙で忌日に使う「元宝」という紙銭を作るのです。こうして百日の間男子は床屋へ行く事も髭を剃る事も許されません。女子は紅など赤や派手な衣装は一切着るのは許されません。七七四十九日で白い喪服は脱ぐのですが、その後も男子は黒木綿、女子は紺や黒色の服を三年間着るのです。私とすぐ上の姉は、父の三周忌に初めて北京に帰ったのですが、一年ほどしてから、旅順にもどりました。

父につづいて母も亡くなり私は三番目の姉の手で育てられました。彼女は東京のお茶の水にあった女子高等師範に留学したのですが、父危篤の知らせで帰って来てからはもう日本には行かず、父の志を継いで旅順にずっと定住しました。そして父の死後十周年の時、旅順の庭に父の記念碑を建てた人です。彼女は一生独身を通しました。また、旅順で「康徳女学校」を創立して自ら校長の任に当たり、第二次大戦の終わりまで就任しておりました。

父は清朝末期、その政治に危惧を感じ西太后に幾度も進言したのですがききいれられず、ついに他人から、粛親王は西洋かぶれしている、政権を奪うおそれありといわれ、とうとう毎朝の朝政の時、西太后は父と恭親王に向かって「二親王は下がれ」と命じたそうです。父は痛心の余り男泣きされたそうですが、間もなく清朝は滅びました。父は一族郎党を引き連れて旅順に亡命しました。このように、父は大変清廉な人でした。清朝の頃、北京の崇文門はすべて外地から入る商人に対しての税関でした。その取り締まりの長たる者は収賄をしない者は一人もなく、しかも皆その役目を望んでいたそうですが、父がその役に命ぜられた時、絶対に収賄はならぬと命じ又自分も決してそのような事はしなかったのです。当時の市民は父をとても尊敬して「粛親王は大公無私だ」と言ったそうですが、この噂が西太后の耳に入ると、彼女は賛意を表すどころか、

「そんな馬鹿な真似をしたら今後誰もその役を引き受けなくなる。粛親王の後を引き継ぐ人はどうするのですか」

と言ったそうです。

清の滅亡で、父は益々教育が如何に大切であるか、広く世界の情勢を知る事の重要さを感じたのでしょう。私達三十八人も、子供等は長兄が英国、次兄がドイツ、三兄がベルギーの他は、皆日本の学校に入れられました。このため、私の家は二代目、三代目、今や四代目へと日本との縁が続いているのです。

父は北京をでる時、「幽雁飛故国、長嘯返遼東、回首看峰火、中原落照紅」と言う詩を作って、それっきり北京の土は踏みませんでした。復辟（退位した皇帝を再び復位させる事）運動にも失敗して、わずか享年五十七歳で、亡命の地旅順に在って最後の息を引き取ったのです。

第二章　旅順の思い出

私の家は旅順の新市街の鎮遠町十番地にあり、二階のヴェランダから老虎尾半島を眺めながら育ったと言っても決して過言ではありません。両親を亡くした後ガランとした大きな家の中で幼い私と、すぐ上の姉と、私たち二人の親代りとなった三番目の姉との女三人の暮らしは本当に寂しいものでした。

私にとって旅順の大自然はこのうえもない親友でした。私はこの洋館の二階の真ん中の部屋で生まれたのです。物心ついてから私は毎日このヴェランダからこれ等の景色を眺めておりました。何故だか私の記憶にはいつもきれいに澄んだ空、刻々とうつり変わる白い雲、チカチカとまばたきをする沢山のお星さま、まあるいまあるいお月様、そして、天の川と北斗七星と金星は旅順でしか見た事がないように、印象が深いのです。

両親を早く亡くしたためか私は小さい時から空想力に富んでおり、雲の変化を見てはそれを羊の群や杖をついた羊飼いの老人だと見たり、又時には海岸に押し寄せる白波だと見たりして自分で色々楽しんだものです。夜は夜で一番大きな星はお父さま、次のはお母様だと思ったりしていつまでも眺めていました。

私がおぼろ気ながらおぼえている父は背があまり高くなく、頭にまだ弁髪のある眼の小さい割に鼻の大きな顔立ちでしたが、その後大きくなってから父は背があまり高くないどころか大変低い背丈である事を知りました。

父が亡くなっても、大応接間の壁の一角に自画像として父の描いた、釣をしている風景画がかかっておりました。幼い私にもすぐにこれは父の自画像だとわかりました。父の没後、旅順の家に残ったのは独身の姉とすぐ上の姉三人だけで、私も小学校に通いだしました。この学校は当時旅順第二尋常小学校と呼ばれ家のすぐ近く、二〇三高地のふもとにあり、校長は有名な古賀竹次郎先生でした。その後私は、すぐ上の姉と二人でこの小学校を卒業し、旅順高等女学校に進みました。

女学校時代は相当な変化に富んでいますが、小学校はとてもおだやかで順調でした。それに旅順という町はとても静かで美しい町でしたし、あの大きなレンガ造りの家で女三人だけの主人が婆や、女中、コック、ボーイを連れての暮らしでしたから、私とすぐ上の姉は、いつもお友達を連れてきて応接間などでかくれんぼや縄跳び又道路から玄関までの沢山の階段を利用して石蹴りなどをして遊んだものです。父が存命中は、（父の誕生日に）この家の庭で運動会まで開く事が出来たほど広い庭でしたので、私達は思いきり駆け廻る事が出来ました。

その後日本に行ってもずいぶん後になるまで私はこの家を夢に見ました。夢から覚める度、私は淡い寂しさとなんともいえないわびしい郷愁の念を感じたものです。この庭には父の死後十年、記念碑が建てられました。この家はその後満州国成立直前、溥儀皇帝が天津から迎えられてしばらく滞在され、日本の要人と会談されたところです。溥儀皇帝がこの家に入られると言うので私達姉妹三人は、別に新築された小さな二階建の家に越しました。

私は自分の生まれたあの赤と青レンガ造りの洋館、大きなお部屋が二十以上もあって、桃や杏、アカシヤ、そして八重桜の大きな樹が一本ある広い庭の家がどうしても忘れられません。春になると、先ず表玄関下に、北京からの杏を食べた後種を父が植えさせたという杏の樹が花をつけます。それに連れて傍らの野杏の樹もいっせいに花をつけます。すると私の心にもパッと春がきます。新市街に住む日本人も「粛親王さんのとこの杏が咲いた、もう春だ」というわけで、皆長い冬ごもりから抜け出てのびのびした気分になります。杏の花の終わるころ、新市街のアカシヤ並木がいっせいに咲きだします。白い藤の花のような花が枝もたわわに樹一杯に咲き、夕方ともなりますと、町中がほのかな香りに包まれます。私達子供は、その花をもぎとって中の芯をつまみだして食べました。それは、とても香り高くちょっと甘い味で、私にはどんな上等なお菓子よりも美味しかったのです。そうしている中に庭の石垣に沿ってコスモスが一面咲き乱れその中に混じって葵の花も咲き出して夏にはいります。庭のたった一本の椿は日本の方が下さったのだそうです。

この家には、大きな地下室がありました。なんでも、この建物はもともとロシヤ人が個人経営のホテルに建てたものだそうで、家のボーイは私達子供が地下室に入っては大変と思ったのでしょう、

「地下室には今でも日露戦争当時戦死したロシヤ兵の足が長靴をはいたまま残っているヨ」

などとおどかしました。私達はそれを聞いて皆びっくり仰天！　しかし、反面とても好奇心がそそられ、或る日皆で相談して探検しようと言う事になり、それぞれ部屋からロウソクを盗みだし、一番気の強いすぐ上の姉がマッチを持って、姪三人と私を引き連れて裏の地下室まで行きました。

地下室の入り口で姉に火をつけてもらい、それが消えないように片手で囲いながら一列に並びました。姉の命令で、いざ進入と言う時、私は一番ビリに引きさがりました。すぐ上の姉は大胆で、サッサと入って行きました。後の者もチョロチョロ揺れるロウソクを持っておそるおそるついて行き、私もおっかなびっくりで一番ビリから「待ってー、暗いよォー」と呼び続けたのですが、誰も相手にしてくれません。それでも、十メ

ートルくらい入った時、どうしたのか「あっ！」と叫んだとたんロウソクが消えてしまい、皆いっせいに「ワアーッ！」と回れ右で逃げ出そうとしたのです。もうこの時はロウソクが皆消えて何も見えません。それでマッチ箱が倒れるように皆は石炭の山に転んでしまい、外に出てお互いに顔を見合わせたとたん笑ってしまいました。誰の顔も石炭粉だらけでした。

或る日のこと、ボーイが私に「一番小さなおひいさま、良いものをあげましょう」と大きな両手をすくって前に出します。みると雀の子だったので私は大喜び。早速、婆やにねだって鳥籠を取りだしてもらいました。

おそるおそる子雀を手に取ってよく見ると、クチバシが黄色く足は桃色がかってとても細く、翼も小さく目ばかり大きな感じでした。そこへ、婆やが鳥籠を洗ってきましたが私の手元を見るや大声で「アレマア、そんなに力一杯握ると死んでしまいますよ」と早速私の手から子雀を取りあげて籠の中に入れました。それから毎日、婆やは粟を水にひたしてやったり、トウモロコシの粉を練ったものを作ってくれたりして、当時味の素についていた小さなスプーンで餌のやり方を教えてくれました。そして籠を毎朝ヴェランダに出すように教えてくれました。子雀はだんだん私に馴れて、しまいには籠から出してヴェランダの手すりに載せて餌をやりました。羽をひろげて、震わせながらとても大きな口を開けて餌をのみこみました。だんだんと口の黄色も消えて行き、羽も大きくなりました。ところが、或る日いつものように籠を開けて餌をやろうとしたところ、いきなり雀は前の杏の樹に向かって飛び去りました。私はそれまで思っても見なかった事なので呆気にとられてましたが、急に悲しくなって「チチ、チチ」と大声で雀を呼びましたところ、全く思いがけない事にパアーッと雀は私の手の上に帰ってきました。それは生まれて初めての心の底からの喜びでした。私はこの事を大きい姉に知らせに行きましたところ姉は信じません。この姉はその頃北京から又旅順に遊びに来ておりましたとてもやさしい姉です。私があまり一生懸命言うので「そんなら雀をもう一度はなしてこの部屋のヴェランダから呼んでごらん、本当に帰って来るかどうかお姉さんは部屋の中から見ているから」といいます。私は自分の部屋にとんで帰り、鳥籠を開けて雀を出して「とんで行け」とはなしてやり、又急いで姉達のいる部屋へ走り帰り、ヴェランダから「チチチチッ」と呼んだところ、雀は「チチチッ」と鳴いてすぐパーッと私の手の上に帰って来たので大得意でした。

ところが、或る日大連に住んでおられた恭親王家へお泊まりに行く事になったのです。私は雀が心配でなりません。再三、婆やに頼んで夕方には、必ず忘れないで籠を部屋の中にしまいこんでくれるようにいいつけて、大連に行き三日ほど泊まって帰宅すると、鳥籠は開いたままで雀はおりません。婆やは申しわけなさそうに、

「昨夜、私は雀の事を忘れて寝てしまいました。今朝起きてみましたら雀はヴェランダ

のガラスの窓の下で死んでおりました。たぶん部屋に入ろうとしてガラスに頭をぶっつけて死んだのでしょう」

「返して、私の雀を返せー！」

いきなり私は大声をあげて泣きだしわめいたので、婆やも今までにない私の剣幕におどろいてウロウロするだけです。姉は私がその雀をどんなに大事にしていたかを知っていましたので、

「もう、死んでしまったから仕方がないでしょ？　姉さんがボーイにいって又一羽みつけてこさせるからね、もう、泣くんじゃないのよ」

「いやだ、いやだ、死んでも私の雀だ、私の雀しかいらない」

と私はききません。ワアー、ワアー、泣く私に姉は、

「明日の朝裏の小山にお墓を作ってあげなさい」

と慰めてくれたので、私はやっと泣きやんで、雀の死骸を綿にくるんでヴェランダの籠の中にいれて休みました。私は裏庭の小山の積み石の傍の凹みを掘って梅干しの箱の棺に雀を入れ埋めました。この雀のために木の札を使用人に削らせ、大きい姉に墨跡も鮮やかに「嗚呼黄鳥之碑」と書いてもらい、毎日学校から帰ると、姪や小さな姉を引き連れてお墓にお参りさせました。

ちょうどこの頃のことだったと思います。けたたましい電報配達の声が響き皆を驚か

せました。北京に住んでらした父の正夫人が亡くなられた知らせでした。たちまち上を下への騒ぎとなり、なんともいえぬ暗い沈んだ空気に包まれてしまいました。兄の乳母であったため、私の家では相当の地位をあたえられていた婆やは私に向かって、

「こんな不幸はみなあなたが雀にお墓を作ったりしたから起きたのです。先日も裏山の梨の花が二度も咲いたのできっと災いが起こるだろうと思っていたのです。ホラご覧なさい。正妃が亡くなられたじゃありませんか！　早く行って雀の墓などあばいてしまいなさい」

私はしおしお裏庭に行って雀のお墓をこわし、昇天させてやろうと、雀を天高くほうりあげて後も見ないで家の中に走り込みました。そして、長い間誰にも話しませんでした。

その頃、私とすぐ上の姉は、漢文、お習字、英語、絵などを習わせられており、父が存命中は暇を見ては母および兄や姉を集めて漢文の講義をされましたが、毎日来客が多く、父は釣と囲碁も好きでしたのでそれ等の会が次から次へと続くので、あとになって大きい兄達が小さい兄達に教えるようになっていたそうです。父は北京では京劇が好きで京劇の舞台までが、家にありましたが、旅順に亡命されてからは、習字、釣、囲碁でした。日本から本因坊さん他有名な碁聖がよくこられ、その度に会がひらかれたので、家には碁盤と碁石及び日本のお座蒲団が沢山ありました。又日本からお相撲さんもみえ

たので、家の庭には土俵がこしらえられてズーッと後々まで残って、私が大きくなってからは砂遊びの砂場となりました。

学校友達も沢山いました。「藤井洋品店」のお嬢さんで、運動家の晴子さん。スケートのチャンピオンの倉賀野ミユキさん。晴子さんと姉はいつも居残りで、バレーの練習、私はお相伴で、中華料理屋へブタマンを買いにやらされたものです。晴子さんをはじめ、沢山のお友達が、家へ良く遊びに来ました。夏は「黄金台」の海辺へ、冬は「大正公園」へスケートに皆連れだって行きました。又秋には山へナツメやキノコ狩りに行ったり、海へ潮干狩りに行きました。

旅順に生まれ育った事のある人で、今でもそこを恋い慕わない人はないと思います。私は、アカシヤの咲く頃ともなれば、ひとしお旅順恋しさが募るのです。いまは、軍の重要地点となっているので、観光客は入れません、私もその後一度も行ってません。ぜひもう一度行ってみたい反面、このまま「思い出の旅順」としておいた方が良いのではないかとも思うのです。

第三章　姉・川島芳子の思い出

旅順時代ではもう一つ大きな事件がありました。それは私の姉である川島芳子が、一九二七年に旅順で蒙古のパプチャップ将軍の次男のカンジュルジャップと結婚式をあげた事です。

川島芳子は私の家では、女の中の十四番目に当たり、本名は顕玗《けんし》です。父が日本人を利用して清の復辟を祈願していたため、当時父にとりいっていた川島浪速という日本人に、連れられて行きました。それで川島芳子という名を付けられた訳です。

私の母は九人の子持ちですが、私の二人の姉の上の方が芳子姉です。小さい時に日本へ行きましたので芳子姉が旅順に来るまで私は会った事がありませんでした。しかし、彼女の噂は聞いておりました。芳子姉は小さい時からぬきんでてきれいであった事、そして、嘘が上手でそのため母からいつも叱られていたそうで、母は芳子姉が連れられて行くのをとても反対したそうです。臨終の時にも、

「芳子をつれもどしてください」

と言われたそうです。後に川島は芳子の事を、

「芳子をオモチャとしてもらったんだ」

などといいふらしたそうですが、私は一国の親王ともあろう者が自分の娘を外国人に「オモチャ」として差し出すような軽々しい行動はとるはずがないと思います。川島は父にとても忠実に仕えておりましたので、父は自分の死後、川島が私の家の者にたいして横柄きわまる行動にでる事は夢にも思わなかったでしょう。

三番目の姉は父亡き後の川島の言行を見て大変憤慨し、物凄く川島に反対しました。ちょうどそんな時芳子姉は旅順に来たのです。私は一目この姉を見て「たしかにきれいだなあ」と思いました。その時の芳子姉の髪はウェーブがゆるくつき、しかも前頬のところでカールが一つという今までに見た事もないヘヤスタイルで、スカートの上にまっ白な毛皮のハーフコートを着てました。当時の静かな旅順の町で彼女が歩いていると、百メートル先からもう目立つのです。

或る日、私が二階の自分の部屋でお習字の手習いをしておりますと、彼女が入ってきて傍らに立って見てました。おかしい事に私は自分の家の中ではこの姉に対し淡い親しさを感じておりましたので、得意になって書きました。ちょうど一字終わる一筆がはねあがるところでしたので私は勢い良くはねたところ芳子姉はとたんに大笑いして、

「なんて生意気だ。でも上手だね。あなたは大きくなるんじゃないよ、大人ってとても詰まらないのだから。毎日タンスの中にはいって寝るとよい」

と付け加えたので今度は私が大笑いをしました。

又、或る時私が購買会へ買い物に行きました時、その門前でパッタリ芳子姉に会ってしまいました。その時も、彼女は遠目にも目立つまっ白な毛皮のハーフコートにスカートでした。おまけに惜しげもなく大根足（彼女は小柄で手も足もきれいでしたが脚だけは大根でした）を丸出しでハイヒールをはいておりました。私は「しまった」と思ったのですがもう遅く、姉はすぐ私を見つけ、

「チビ、何しに行くの？」

と声をかけました。私は、

「犬のビスケット買いに」

と答えてすぐ購買会の中へ入ろうとしたのですが、彼女は放しません。「待ってあげるから一緒に帰ろう」というのです。しかも手の中に何か持っているようなので近付いて見たらそれは「ライオンはみがき」でした。しかもその歯磨きはどうしたことか、蓋から中身がグッショリとにじみ出て彼女の掌に一杯くっついているのです。それを見て彼女は「ワッハハハ」とあたりかまわず笑いだしたので、なおさら、周りに人だかりがして来て、私はあわてて購買会の中に逃げこんだものです。

間もなく芳子姉は旅順のヤマトホテルで結婚式を挙げる事になりました。パプチャップ将軍は父が旅順に亡命したあと清の復辟運動を起こした時、父と行動を共にした蒙古の将軍です。この将軍の子女は皆とても美人で次男坊のカンジュルジャップは美男で男らしい人でした。彼は芳子姉を愛しておりました。しかし、姉はとても家庭に収まる性格ではありません。でもこの結婚式の時は如何にも花嫁らしく粧い、来客全部に深い印象を与えたのです。この日姉は自分で化粧しヴェールも自分で付けました。当日関東庁長官はじめほとんどの来客は日本の方でしたので、当時まだ小学生の私は机のうえに乗せられて学校で習った唱歌を歌わされた事をおぼえております。芳子姉の結婚写真が大きく引きのばされて旅順の成松写真館のショーウィンドウに長い事かざられていたものです。

結婚後まもなく彼女達一家は大連に引っ越して行きましたが、もう旅順には来ませんでした。私は大きくなってから家にありました全家族の写真を見た事があります。その中でパッと目に付くのが芳子姉でした。

姉は小さい頃から、嘘の名人でしたが、成人してからの嘘はさらにひどく、一つの事に関して三日三晩嘘を続けて平然としていたと言う事です。

やがて、私とすぐ上の姉は満州国創立と同時に奉天（瀋陽）を経て新京（長春）に連れて行かれ、そこの「長春高等女学校」の寄宿舎に入れられました。この時芳子姉も長春におりました。彼女の家は学校のすぐ近く、たしか、「錦町」だったと覚えております。それで、又芳子姉と接触するチャンスが多くなりました。或る日、突然学校で、私は校長室に来るようにと呼ばれました。何事だろうとノコノコ入って見て驚きました。なんと芳子姉が真面目くさった顔してそこに座っていたのです。芳子姉は何故だかすぐ上の姉よりも私を可愛がっており、いつも私を「チビ」とか「ひよっこ」とか呼んでおりました。この時も如何にも父兄然として私に「チビ、学校で余り悪戯するんじゃないよ」と言うので私は心の中で「誰も頼みもしないのに何しにきたんだ」と不平でたまりませんでしたので、ふくれ面をして何も答えません。彼女は間が悪くなったのか今度は校長先生に向かって、

「ご覧のとおりのわがままで本当に困るんです」

といったものです。後は何を話したのかもう私の事ではありませんので覚えていませんが、校長先生や他の先生方に送られて彼女が自分でフォードの小さい車を運転して去った時は私も内心ホッとしました。その時私は十二歳でした。

私は寄宿舎が嫌なので、その頃は良く彼女の家へ行きました。寄宿舎はとても厳しく土曜日しか家や親戚のところへは泊まりに行けません。或る日、私は熱をだしたので舎監の先生にお部屋で寝ているように言われたのですが、寂しくてたまらず私は勝手に誰にも言わず芳子姉の家へ帰ってしまいました。先生が芳子姉の家へ訪ねて来られ、私は

ビクビクしてすぐ奥に隠れたのですが、芳子姉は先生に向かって、

「ナアーンダ、家のチビは逃げ帰って来たのですか、ハハハ」

と又もや大声で笑って一言も先生にお詫びしてくれません。しかもそれにつけくわえていうのに、

「家のチビは体が弱くすぐ熱をだすので本当に困ります。好きな物食べさせて二、三日遊ばせて送りかえしますから」

とシャーシャーと言ってのけました。先生も呆気にとられてお帰りになったようでした。


新京（長春）では、わずか一年たらずの間でしたが、私はもう中学生でしたので、芳子姉をとり巻いていた日本の軍人をよく覚えております。奉天では河本大作さんや田中隆吉さんなどでしたが、新京の時は主として多田駿少将や筑紫熊七中将などでした。中国の人では方永昌とかいう人がおりました。多田少将はその頃「梅屋旅館」という日本風の宿に泊まっていて、芳子姉は錦町に家を構えておりましたが、ほとんど毎日ここに入り浸っておりました。

筑紫閣下は別に家を持っており、多田さんほどの印象はありません。多田さんは、和服のとんび姿で車にも乗らず、一人で歩いて錦町にあらわれました。この錦町の家は、とても小さな家で庭もありません。芳子姉のV8型のフォード車は向かいの家の庭に入

れてありました。芳子姉が機嫌を損ねて「梅屋旅館」へ行かなくなると多田さんは例の和服姿で相当の道のりを歩いて来たものです。

その頃芳子姉の世話をしていた人は若い日本女性で、名前を千鶴子といい、芳子姉は彼女の事を真野子爵の娘だといってましたが、私は少しも信じませんでした。他に安一という若い男の人を自分の秘書だともいっておりましたが、この人は日本名が手塚安一で中国名を張平山といってました。なんでも勉強が嫌いで中学の時サッカーばかりやって足の骨を折ったとかで、大学にも行かず芳子姉の秘書として彼の父親から頼まれたのだそうで、運転が出来、よく私を乗せて方々へ連れて行きました。

奉天でも新京でも芳子姉は晩になるとダンスホール通いでした。その頃満州国の官吏や日本のサラリーマン達の一番良く遊びに行くところはこのダンスホールだったようです。

私の大きい兄や姉も旅順の家の応接間などで踊っておりましたので、私は小さい頃から見よう見真似でもう基本ステップは覚えてました。ところが、或る日芳子姉は私をダンスホールに連れて行ったのです。

「踊れるなら踊ってごらん」

「こんな事なんでもないわ」

と姉の言葉を受けて私は立ちあがり、彼女と踊りだしました。周りにいたチーちゃん

（千鶴子）、安ちゃん（安一）がゲラゲラと笑うと、芳子姉は彼等に、

「千鶴子、お前よりも軽くて上手だぞ」

といいました。それからというもの土曜日、寄宿舎から帰ると晩はダンスに連れていってくれ、ワルツ、タンゴなどを教えてくれました。私は何でも一度で覚えました。私はダンスホールの人気者になってしまいました。しかもその頃私は芳子姉の趣味で、家ではいつも黒ビロードに真っ赤な裏の背広の上着と、同じ黒ビロードの半ズボン、白のYシャツに赤ネクタイという服装でした。そんな恰好でタンゴなど上手にリードしたから皆が拍手喝采。私は得意でした。

芳子姉の傍らにおりますとすべてこんな調子なので、上の兄は心配して私とすぐ上の姉を日本へ連れて行く事にしたのだそうです。芳子姉はすっかり機嫌を損じ、私達が大連に発つ前日吉林に行ってしまいました。私が駅まで見送ると、私を抱きしめてキスしながら、

「誰が見送りにこいといった、サッサと帰れ！」

と強がりを言ってましたが目には涙を一杯浮かべておりました。

その後私が学習院に通学している頃、芳子姉が東京に来た事が二度ほどありました。一度は或る病院に入院しており、そこへ私は訪ねて行ったのですが、その時私は自分のあり銭全部持っていき、

「お金要らない？　あげるわ」

と言ったら姉は、喜んでいいました。

「チビは本当に可愛いな。上のお姉ちゃんも来たけれどお小遣いくれと言ったんだから全く二人は反対な性格だ。チビのお金なんか要らないよ」

もう一度会ったのは、私が世田谷経堂の松宮さんのお宅でお世話になっていた頃の事です。或る日突然、女中さんが、「おひいさま、お姉さまがお見えになりました」と告げるので私は当時絵をならう為に日本に来て成城に住んでいた姉かと思い、真っ赤な丹前をひっかけたまま玄関に出て見て本当にびっくりしました。芳子姉が事もあろうに完全な女装、しかも和服姿でそこにしおらしく立っているではありませんか！　私が、

「マアーいやだ、何しに来たの？」

と笑い出すと、

「バカ、何が可笑しいの？　兄ちゃんはチビの為を思ってこんな恰好してきたんじゃないか。松宮さんの奥さんに、ご挨拶に姉が来ましたと告げていらっしゃい」

というのでその事を夫人に告げたところ、

「マアー、あの川島芳子さんが？　まあー」

と大喜びなのです。芳子姉はとてもお芝居が上手なので、この日もいかにも貴婦人然として、上品な女言葉で夫人にご挨拶したのには私も驚きました。松宮夫人はさんざん

彼女の事を礼讃したものです。

「本当にお奇麗だこと、着物を上手に着こなしてらして。女装なんてお珍しいのでしょ？　お写真で拝見した時はいつも男装でりりしいお姿なのに、今夜は本当にびっくりしたわ」などといつまでも興奮気味なのが私には不思議でもあり、おかしくも感じられたものです。

日本ではこれっきりもう彼女とは会いませんでした。その後又会うのは私が日本から帰国して北京に定住したあとです。

第四章　学習院へ

日本へ向かう船が、大連港を離れだすと、私は急に悲しくなり涙で大連港がかすみ、何も見えなくなりました。まわり全部が海となった時、私は生まれて初めての孤独感に包まれてしまいました。

船が下関について、汽車に乗り換えたのですが、私はこの間の記憶は全くありません。横浜についた時暗い窓外に沢山の灯が見え、中でも一番高く水車小屋の風車みたいなネオンが回っているのがとても印象的でした。

やがて汽車は東京駅にすべり込み、私達が、プラットホームに降りた時、きれいなお嬢さんが花束を贈って下さいました。私はその花束よりもそのお嬢さんの美しい着物姿がとても好きでした。夜の道は、向かいがわから広い道路一杯に何百何千とおもわれるほどの車のヘッドライトが押し寄せて来る、そしてそれが流れるように過ぎて行くのです。この時初めて私は「ああ、これが大都会だな」と思い、自分は東京に来たのだと自覚したものです。

私と姉は麻布桜田町にありました満州国公使館に落ち着く事になり、当時の公使は丁士源さんで、彼は私の父が世話をして英国に留学などした人です。私達きょうだいは彼の事を「丁大哥」と呼んでました。

公使館では、毎日留学生や他の人達の失敗談を聞いたり、又家庭教師がきて勉強よりも方々へ遊びに連れて行ってくれたりしました。翌年の春、学習院に入学するのを待っていたわけです。

当時ちょうど日劇が建ったばかりでその開場式に水谷八重子さんが『男装の麗人』を演じるというので招待されて行きました。たしか昭和九年のことです。私達が二階の真ん中のボックスから見た舞台の水谷さんは芳子姉の服装そっくりの白い乗馬ズボンに長靴、マントといういでたち、顔形まで遠目から見るとそっくりなので私は「なんて真似が上手なのだろう」と思いました。又歌舞伎にも連れて行ってもらいましたが、その時は少しも面白いとは思いませんでした。それよりも「コロンバン」のチョコレートや「千疋屋」のフルーツ、「アラスカ」「A1《エイワン》」の洋食、「ひげ天」の天ぷら、そして鰻のかば焼きなどがとても気に入りました。公使館では、やはり中国料理が主でしたし、食事の不自由は感じませんでした。そして、私は又もとの明るさを取り戻して元気になり、日本の気候も身体にあうのか、少しも病気にかかる事もなく、背丈もどんどん伸びて行きましたので兄達も安心したようでした。やがて学習院へ入学となりました。それまでは私は小さい姉とは同じクラスでしたが、学習院では許されず私は一年下げられてしまいました。こんな事など少しも気にしない私はすぐクラスの方々と仲良しになれました。

学習院では姉妹だけで家を借りる事や公使館などから通学するのは許されませんので、私達は日本人の家庭にあずけられる事になりました。それも出来るだけ代表的な良い家庭というので、同腹の長兄、憲立がチチハル市長をしていた頃の、日本人秘書のお姉様が加藤男爵の夫人という事で、先ずこの家に白羽の矢が立ちました。

この家は高輪の泉岳寺のすぐ隣にあり、私達二人はお二階に寝ましたが、なにしろ初めての日本式の生活、先ずこたえたのは食事です。自分の家で我がまま放題の私は朝の味噌汁と梅干、おつけものだけの食事に耐えられず、お茶碗を持ち上げる度に涙が出てしまう。家に帰りたくてたまらない。せめて公使館にもどりたい……とさすが気の強い私も泣けてしまうのです。

学校から帰ってもおやつもないので私と姉は「ホットケーキの素」など買ってきて二人で台所に入ってなんとか説明書どおりに焼いて食べたものです。私は家で男の子同様にそだてられたせいもあってすごくいたずら者でした。食事時間が済めばケロリとしていたずらばかりしてました。

或る日、階段の曲がり角の壁に長い紐がぶら下がっているのが目につき何だろうと、階段の手すりに登って引っ張ったところ、とたんに家じゅうが真っ暗になってしまい、男爵も夫人もプリプリ。又火鉢の代わりに石油コンロを入れて下さったのですが、ハンドルの回し方は教えて下さらなかったのです。それを姉と二人で「きっとこれで良いのよ」と回してみたところ、火がたしかに小さくなったので、喜んで下へ食事に降りて行き、食事を終えて二階に上がってみてびっくり！　部屋中の畳がまっ黒な煤で一杯！まるで、黒いじゅうたんをしいたようになっていたのです。二人でマゴマゴしている所へ夫人が上がってきて、怒ったの怒らないのって大騒ぎになりました。もともと満州でも公使館でもストーブかラジエーターしか知らない私達に石油コンロなんか与えてしかもその操作の仕方を教えないのがいけなかったのに。

とうとうこの家を出る事になりました。

次にあずけられた時、私と姉はわけられてしまいました。「もういたずらをしてはいけない」という条件付きで私は岩佐さんのお宅へ連れられて行きました。

このお宅は青山にあって学校ととても近く嬉しかったのですが、おじいさまとおばあさまお二人で、一人娘は同じく学習院卒業でしたがもう結婚されて、坊や二人とご養子とで玄関わきの離れにすんでおられました。

私は姉と離れて寂しくなったし、おばあちゃまはとてもやさしい方でしたが、おじいちゃまはとても厳しく口数の少ない方でどうしてもなじめませんでした。

そのうち夏休みになり、帰国をやめてその夏はこの家の方に連れられて先ず海に行く事になりました。行き先は鎌倉でしかも海岸のすぐ近くでしたので私は毎日女中さんを連れて泳ぎに行きました。

ところが、或る日大変な事が起こりました。その日私は女中さんをつれていつもの通り浜辺に行きましたが、その日は大変な人出で海辺の近くでは思うように泳ぐ事もできません。それで私は少し沖の方へ出て振り返ってみたら、女中さんの立っていたところから大分遠くに来てしまいました。私は自分の居所を知らせようと手をあげて二、三度振りました。そして彼女が、近くに来るまでその辺で大の字になったりして遊んでいると、真向かいの海岸からおじさんが長い丸太棒をかついで海にとび込んだのが見え、何事だろうと私は海岸に近付いて見ようと泳ぎだしたところ、そのおじさんは私に向かって来るではありませんか。私はびっくりしてこわくなったので、一生懸命早く岸に上がろうと泳ぐのですが、そのおじさんは益々私に近づきしかも大声で、

「これにつかまれ！　早くつかまるんだ！」

となるのです。私は尚更こわくなって必死で水をかき、やっとの思いで岸に上がって大急ぎで女中さんのいるところへ逃げて行ったのです。おじさんは大声で、

「なんだ、泳げるくせに何故手をあげたんだ！　バカにしているのか、え？」

私は初めてこのおじさんが救助員で、手をあげるのは助けを求める合図だという事を

知りました。おばあちゃまはカンカンになって怒っているおじさんにむかって、

「何をなさる、この方は大事なお方です。乱暴してはいけません！」

と厳しくいいました。おじさんは、これを聞いてやっとおさまりブツブツいいながら、去って行きました。おばあちゃまは、帰られてからおじいちゃまに、この事を告げましたところ、おじいちゃまは大そうお怒りになってその筋にすぐお電話なさったらしいけれど私は知りません。しばらくすると、玄関に大勢の人の声がして、それが皆お座敷に上がっておじいちゃまに平身低頭して謝っているのです。そうっと襖の隙間から覗いて見ました。町会の責任者達が四、五人羽織袴で座っているのが見え、何気なく手をあげた事が大変な事になったと分かりました。そしておばあちゃまとおじいちゃまに対して本当に申し訳ないと思いました。それから私はもう海辺には行かなくなりました。

おばあちゃまは、今度は私を軽井沢の沓掛の別荘に連れて行きました。この別荘は山腹にあって大きな樹の沢山ある静かなところです。私は一人突き当たりの涼しい部屋をあてがわれ大喜び。そうしている中に、そこのお姉様も子供二人を連れて来られました。私はここのお家と税所男爵のお家が親戚に当たる事を知っていました。そこのご子息の一人が男子学習院在学中である事も知らされてましたし又このお宅へも一度伺った事がありました。ところが、沓掛に来てその方と林伯（やはり男子学習院在学中）もすぐ私達の住んでいる山の麓に部屋を借りて避暑にいらしている事が分かりました。或る日こ

の二人は一緒に私達のところへ、遊びに来られました。私は遊び友達が出来た事がこの上なく嬉しくすぐ仲良しになりました。お姉様が私達を連れて浅間山に登ったりしてから彼等は毎日のように散歩がてら岩佐さんの家へ立ち寄って下さり、おかげさまで私は少しも寂しく無くなりました。

或る日「今日は自分の方から訪ねてみよう」と思い立ち、歩いて山を降りるのは大変だから、ひとつ、馬に乗って行こうと五十銭玉をつかんで馬小屋に行ってそれに乗って山を降りて行きました。勿論、この事はおばあちゃまに内緒です。ところが山の中腹まで来た時後から誰か口笛を吹きながら自転車で私を追いぬいたとたん馬は急に走りだし、しかもその自転車の後を追って益々早く走る、山道の崖側には一定間隔を置いて砂利の小山が積まれていたのをアッという間に一つ飛び越えたのです。もう私の足の力ではどうする事も出来ません。しかも私は白いテニス用のズボンに運動靴のままです。たづなをいくら引っ張っても効き目はない、どうしようと思っているうちに次の砂利山です。今度の山は高いなと思った瞬間馬の前蹄が小山の頂きに引っ掛かり、私はポイと三メートル以上馬の首から投げ出され馬も同時に横倒れとなりました。私は本能的に首を上に向けましたので顔部だけは助かり、掌と膝小僧、両肘は全部酷い擦り傷となりました。投げ出されて大地についた時腰が縮んだかと思いました。しばらくそのままで腹ばいに寝ておりましたが、なんとその自転車に乗って口笛で馬を呼んでいたのは馬小屋の小僧だったのです。私が怪我をしたのを見て彼は馬を引き起こし、その馬の首も血が流れているのにそのまま馬を引っ張って逃げてしまいました。私は一人取り残されてやっとこさで起きあがったのですが、一歩も歩けません。その時トラックが一台降りて来ました。私は手をあげて止め、

「おじさん、山の下まで連れて行って」

と頼みました。彼は、

「あ、怪我したのか、連れていってあげるから早く乗りなさい」

というだけで手も貸してくれない、私はしゃくにさわったとたん力が出てきて、高いトラックのステップに歯を食いしばって上がりました。山の下の林さんと税所さんの所に着いてトラックを降りる時は本当に声が出るほど痛かったのですが、これもやっとこさで降りました。林さん税所さんのいるお家の庭に入った時のお二人のびっくりした顔！　私をお部屋に上げて寝せたあと多分大急ぎでおばあちゃまのところへ電話をかけて下さったのでしょう。

間もなく、おばあちゃまが、自動車でお迎えにいらしたのは良いけれど、多分おばあちゃまは驚きと怒りで一杯だったのだと思います。部屋に入るなり、

「さあ早く帰りましょう、病院は山の上です」

とおっしゃいました。私もおばあちゃまに内緒で馬に乗ったので今更「痛い」ともい

えず、我慢に我慢を重ねて又立ち上がって外に出ました。車内に入って座ったとたん膝小僧の横三本の傷口が又割れてその痛い事といったらもう本当に泣き出すところでした。おばあちゃまは、そこで初めて私の傷口を見て、

「とんでも無い事になったわ。運転手さん真っ直ぐ病院へ行って下さい」

といわれました。私はこの時ほどおばあちゃまに申し訳ないと思った事はありませんでした。おじいちゃまはとても怒りました。

そして、間もなく、兄が来て私を連れ帰りました。

次に預けられたところは三越の広告部長や大学教授をなさった松宮さんの家でした。ここの家は子供が六人もいて長男はまだ十四歳くらいの可愛い子供でした。奥様はとてもモダンで油絵なども描く人で子供等は、皆テアトル・ピッコロなどという劇団に入って演劇、脚本などを書いたりする家庭でした。それ等が私の性格と合うだろうと考えられたわけです。でも、この家では奥様が「天風教」とかいう宗教を信じて日がな一日家を留守にするようになり、この為にご主人は益々お酒を飲み、酔っぱらって帰るのです。兄は私の様子を見にきて、一晩離れに泊まり色々聞きましたが、私は何もいわず、只「もうこの家は嫌だ、帰る」を繰り返すばかりなので、兄は暫くしてから私を連れて帰りました。

もうすぐ学習院を卒業するころでしたが、たとえ、一日たりとも校則によって兄弟の

家には帰れません。兄はどうしたものかと随分考えたらしく、今度は私を当時日本で四大女流教育家の一人といわれていた嘉悦孝子女史のところへ預ける事にしました。この先生は私に対してはとても良くしてくださいました。学習院を卒業してから私は日本女子大に入学しました。女子大では学習院の成績を見ただけで、英文科にいれて下さったのです。

日本女子大英文科で私は一年生をたのしく過ごしましたが、二年生になってから日本の真珠湾攻撃が始まるや、外人の先生は皆帰国してしまい自習ばかりになりました。それに日本では物資欠乏が日に日にはげしくなり、兄達は心配してとうとう私を帰国させる事にしたのです。一九四一年のクリスマスの前の日の事です。

これが、まさか日本との四十年もの長いお別れになろうとは夢にも思いませんでした。

結局、正味八年くらい日本で過ごしました。

第五章　帰国、終戦までの北京

戦争がはじまる少し前から、外国からの送金、ことにアメリカからの送金は凍結されました。外国と関係ある人達に対して警察の目が光り、町の英字看板は、一切取り外されてしまいました。戦争は嫌な事だとしみじみ思ったものです。お正月も楽しくなさそうなので、私はやっぱり帰国する事にしました。

そして、新京を経て、長兄の一家とともに北京の家に戻りました。その時の北京の家は大部分を日本軍が使用しており、家のものは真ん中に残された大きな庭の家屋を改築して住む事になり、兄夫婦と子供達は北京飯店に仮住まいすることになりましたが、私は改築の監督として家に残りました。その頃の北京はまだ「日本時代」で特務機関、憲兵隊などが横行し、王府井などにも日本商社が店を出しておりました。

北京に帰ってきた私は満州と違い親戚も多く自家用の人力車も自動車も便利なので、又すっかり中国式の生活に戻りました。でも、私の心はなんともいえない空虚に満ちており、かといって毎日する事もありません。それが、ふとしたチャンスで王府井に開店されるという日本の鐘紡に紹介され入社しました。

当時、中国では良家の子女を外にだす慣わしは無かったので、長兄はあいた口がふさがらないようでしたが、止めてもきくような私ではありませんので諦めたようでした。しかし、入社後、私を紹介したのが、軍の関係者だったので会社側としては断れなかったのだと知り、意気込みは冷えてしまいました。しかも、小売店の中国人店長は恐ろしい程民族的自尊心の無い人で、日本人にはお世辞タラタラなのに、中国人の女の売り子には凄く威張りちらし、いつも爪先立っているような人でした。

戦況は益々険しくなって北京にいる日本人も召集される人が多くなり、とうとう天津の貿易部長佐藤辰夫さんにも回ってきました。佐藤さんは天津から北京にお別れに見え、私に、

「かたみにその赤いシガレットケースをくれないか？」といわれました。

「きっと、ご無事で帰ってらしてね」

と私も言ったのですが、その後のお手紙に、

「寂しくなるとこの赤いケースを出して見てます」

とありました。長い年月を経て佐藤さんの消息が分かりましたが、彼は戦死されたのではなく、終戦後もお元気でいらしてその後病没されたのだと聞き、残念に思うと同時

にほっとした思いを味わいました。この方はいつ思い出しても懐かしい方です。線の太い気迫のある鷹揚な優しい方でした。

巷では、日本の軍人や憲兵が益々強くなり、日本人が洋車に乗り、お金を払わないばかりでなく、足蹴にしたり、殴ったり、又わずか十人たらずの軍人が縦列で王府井を通っている時、百メートルも先で中国人が彼等の前を横断したといっては呼び止めて難癖をつけて威したり、駅や汽車の中では憲兵が気にいらぬ人がいるとさんざん調べて切符を取りあげたりするのを見るたびに、私は胸の怒りを抑える事が出来ず出て行って喧嘩したものです。

私はおぼろげながらも、これじゃ日本ももはやこれまでだなと思いました。

第六章　戦後の混乱から家庭食堂を開くまで

兄が去り、九人の生活を支えるという現実の前に立たされて、私は自分を勇気づけ、励まし、混乱した社会の中で、大地に足をつけ奮闘しなければならなくなりました。

所持金は雀の涙ほどしかありません。それに、毎日裏口から派出所の人が、四、五人ずつ私の知らない中にスーッと入って来る、当たり触りのない話をしながら子供達に色色きく、これは避けたり怒ったら損だと思い、積極的にこちらから進んで彼等に接触するようにつとめました。一方家の物を目立つ物から売りにかかりました。しかし、こんな時ピアノやじゅうたん、ソファ等買ってくれる人はおりません。本当にお金を持っている人は、わざとボロを着て家の中も金目の物はどこかに隠してしまう時です。

仕方なく私はサラリーマンの友人を捜し、二束三文でピアノや電蓄など買ってもらい、ポンポン屋（小さな鼓を竹棒で叩きながら住宅街を回って古道具の売買をする人）を家に呼んではソファや置物などを次々と売り払いました。しまいには、このポンポン屋とすっかり友達になり、私がカニ好きだと知って五斤もぶらさげて来たりしたのですが後で、彼は私のおかげですっかり成り金になったと申しました。なにしろ毛皮のオーバーを一度に大小十枚以上もほとんど只同然のように渡していたのです。物売りの経験のない私は一つ一つ売るという事を知らず、床にゴザを敷いてつづらを毎度一つか二つひっくり返して一山幾らで売ったのです。

こうしている間に派出所ともすっかり親しくなり、お巡りさんにダンスを教えたり、英語のアルファベットを教えたりして、だんだんと彼等も私を信用するようになりました。それで、ぜひ宣伝班に入ってくれと頼まれ、私は胡同の「積極分子」となり、「婚姻法」や「憲法」の宣伝に舞台劇に出たり、街中練り歩いたり、「打竹板」といって竹を割って作った二枚を打ちあわせて宣伝文句を一定の調子づけで大声で唱える隊長にさせられたり、又隣組の組長になって胡同の中にあるお寺や雑居している大きな「院子」に入って当時の朝鮮戦争についての常識や「三十八度線」とは何であるか、等を話して上げたり、時には「衛生常識」の宣伝もさせられたものです。

今度は婚姻自由を大々的に宣伝する芝居をやるから出てくれといわれ、私はこの事は中国の青年男女にとりたしかに解放される事になると思い引き受けました。ところが、胡同の住民は、誰もでたがりません。そこで私は家の子供や隣組の組長さんの子供を動員してその劇を一手に引き受けて或る学校の講堂でやってのけました。衣装、化粧、監督そして主演というわけでそれはそれは面白おかしいものでしたが、大入り満員で又々派出所に褒められたものです。いつも何をやる時も一番長い台詞は皆私のところに集まる、この時も私はお正月の子供達のために作る「饅頭」のメリケン粉を力一杯こねながら台詞を暗記しました。

おかげ様で子供達は寂しがりもせず、面白おかしくお正月を過ごす事ができました。しかし、私は疲れで声がスッカリつぶれました。努力した甲斐があって派出所のお巡りさん達も所長はじめ私を信じるようになり、何か事ある度に私を指名してくるようになりました。中でも、春先の「愛国衛生運動」は大変なものでした。私達は皆それぞれピンセット（竹でできた大型の）と空き瓶を手に持って各戸の便所をまわりました。

一九五〇年代の解放された頃の北京のことですからお便所は原始的な穴掘り状のものです。そのお便所の周りのレンガをひっくり返し、地中のウジを掘り出してピンセットで空瓶に集めるのです。臭い、汚いご不浄です。皆、「今度は金さんもやれないでしょう」と言いましたが、私は行きました。しかし、本当のところ最初の日、私はもうゲロが出るところでした。手袋にマスクという出で立ちで行きましたが、誰もそんな恰好はしていません。「あっ、これではいけない」と思い、すぐ私はその場で手袋もマスクもはずしました。

毎日その空瓶を派出所に集め、一々数えて集計しなくてはなりません。それで、どこの区のウジ退治が徹底してるかをくらべる訳です。お便所がだいたい済むと今度は「おみそ」製造場へおしかけ、みそ甕の周りを掘り返して成績をあげました。私達は東単区ですが北京市の各地での成績公表で東単区は模範区になりました。

しかし、こんな事ばかりしていても何の役にもたちません。家族九人の生活はいよいよ困窮し、終いにはさつまいもを一車買って主食にしなくてはならなくなるという始末でした。私は子供達が惨めな思いをしてはいけないと思い、食料集めにかけずりまわりました。何も知らない彼等はおいもをおいしい、おいしい、と珍しがって食べてはくれましたが、三日も続くとだんだん悲しそうな顔つきになります。兄が、家にいる頃は毎朝「私、トースト」「私、おかゆ」「僕はアイスクリームパウダー」と子供達はそれぞれの注文通りの物でないとおさまらない状態でした。私はその事を思いだして子供達に、

「ホラ、これお姉ちゃまの足そっくりな形じゃないの、ね？」

「あれっ！　これ坊やの顔だあ！」

等と言って皆を笑わせて景気づけはしましたが、自分では涙を心の中に飲みこんだものです。

兄から、一年ぶりに送金があったとき、私は今度こそこのまとまったお金で何かをしなくてはいけないといろいろ思案した挙げ句、家庭食堂を開く事に決めました。というのは、或る画報の中にソ連では、家庭食堂が今でも許されているると書いてあるのを見た

からです。とたんに、私は、「これだ」と思い、早速家に帰り、残りの毛皮および衣類など全部を売り払い、戸棚の中に放っておいたままの食器類を、全部出して点検してみました。私の家にはどうした事か食器やお鍋などがとても沢山ありました。すべて、大衆向きにしなくては駄目ですから、又この中のぜいたく品を売り払い、その二束三文のお金と衣類や毛皮を売ったお金で、私は天橋という安売りのところへ行き、机や椅子の古物を買ってきました。一方、女中部屋を台所に直し、胡同に面した壁には自分で大きく店名を、梯子を借りて来て書きました。応接間のぬりかえ、ヴェランダの柱のペンキ塗りなどすべて自分でやりました。

女のコックさんも見つかり、二人だけで開く家庭食堂ですから「家庭食堂」で通るものと思って許可申請のために区役所に行きました。係官は先ず私を上から下まで見回しました。

「いったい何を売るのかね？」

「決まっているじゃないの、洋食です」

「ヘエー、洋食ときた、誰が作るんだ？」

「ちゃんとコックがいるんです。二人でやるんです」

「二人だけで？　大丈夫かね、それじゃ屋号は何という？」

「何度も言ってるじゃありませんか！　家庭食堂っていうんですよ」

「家庭食堂にしても名前がなくてはどうやって登記するんだ、それとも金記家庭食堂で良いというのかね」

「なに言ってるんですか、誰が金姓を出せといいました？　何も私の名前をださなくても、ただ家庭食堂でいいじゃない、分かりの悪い人ね。あなたという人は――」

「何？　私が分かりが悪いって？　そう確かに分かりの悪い人が一人いる、目の前に立っている」

　この問答をききながら、ついに部屋中が「ワッハッハハ」と笑いだしました。私はかんかんになり、

「何がおかしいんです？　女と思って馬鹿にしないで！　解放した現在男女平等だってのが分からないのか？」

　と大喝したので、さすがの皆も私の懸命さにおされて黙りましたが問題の屋号がまだきまりません。この時、喧嘩相手の人は急にやさしくなり、私に向かって、

「全ての店を開くのには店の名前がいるのです。街の中を見てごらんなさい。○○店と皆それぞれ違った名を付けているでしょう？　だから、家に帰って家の大人と相談して名前を付けてからまたいらっしゃい」

　と説明してくれました。でも、家では私が戸主です。相談なんかする必要ありません、とやり返しましたら、一同唖然とした顔付きで私をじーっとみつめました。その人はい

かにも困った顔付きで、

「ヘエーそうですか、それでは自分で一つ名前を考えてから又いらっしゃい」

こうなると私は出て行くよりどうしようもありません。廊下に一応でたもののどう考えても悔しい。せっかく来たからには帰るものか、と私はそこにあるベンチに腰かけて「名前、名前、名前」と考えている中にふと「益康」という二字に思い当たりました。

「何という名前ですか？」

「イ・カンというのです」（後で私はこの屋号の日本音の意味に気づき吹き出したものです）

「え、どんな字ですか？」

「エキの益とケンコウの康という字です」

「これは、どういう意味ですか？」

「あなたも本当に物分かりの悪い人ね、これは私の食堂で食事をすると健康に非常に益があるっていうのよ」

とたんに部屋中又爆笑になりました。それでも、これで私は申請書をもらって大得意で帰り、早速各項目に記入して申請書を出した訳です。

さて、開店した益康は思いがけず大変な人が入り、コック一人ではとても間に合わず、また広い庭にアチコチ机を置きましたので、スープは台所から庭の向こうまで運ぶ間に半分はこぼれてしまうという事で、もうさんざんな目でした。その日家族連れでいらしたお客さんは二時間も待たされてかんかんに怒りましたが、パンもジャムも皆只でサービスし、すっかりお友達になってしまったのです。

しかし、一ヵ月もしない中にお客さんは来なくなりました。昔「吉士林」でお馴染みのマネージャーなども来て色々心配してくれましたが、第一に場所が胡同の中である事、第二に洋食では満腹感を味わえない中国人です、味がいくら良くても大食に慣れている中国大衆にビフテキ一切れとか、エビ二匹じゃ歯の隙間を埋めるにも足りないと言うのです。しかも私の食堂の中はそれぞれ机にはテーブルクロス、それも刺繍入りの上等ものと花瓶、楊枝入れなどが飾ってあり、私も上から下まで白一色で食堂の門の傍らにチョコンと腰かけてお客さんを待ちあぐんでいるのです。お客さんはドアを開けてまず私を見て驚き、次に食堂の中を見て驚いてコソコソ回れ右して帰ってしまう。それを追いかけて「大丈夫です。お腹一杯になれますからお入りください」というのですが、皆「イヤ、又にします」とほうほうの態で逃げてしまう。この分じゃ一途に赤字となるだけでした。そこで今度は「すきやき」に変えようと決心し、売るなら最上等のをと思ってその頃未だ北京の後門にあった有名な店へ自分で買い出しに行き、高い工賃を出して肉を薄切りにしてもらうので大変長い時間がかかりました。それを籠にいれて持ち帰るだけでも大変で、家に帰ってみたらラクダ色のオーバーに牛肉の血水が一杯しみこんで早速クリーニングに出すという始末です。お客様に一定の量を出しお代わりの時は又お金を取るという事を知らず、次々と肉をお皿に山盛り一杯に出し、白菜もはるさめもお客様の食べ放題にして、一人分の料金をいただいたので大損となりました。

半年もしない中につぶれんばかりとなり、思案投げ首の時、一人の銀髪の四川人が訪ねてきて、ぜひ、一緒に四川名食「担々麵」をやりたいというのです。聞いてみると一杯二十銭の大衆向きのうどんでとても売れる、絶対に損にならないというので、四川の事は全然知らない私ですが「これこそ大衆向きだ」と感じて同意しました。彼は国民党時代に軍の要職に在った人でその奥さんは当時政府で相当な仕事をしていたそうです。重慶にはお妾さんがいて、なんと子供が十三人もいるので自分は香港から帰ってきたが、このまま手ぶらで妻に養って貰うわけにはいかないから、こういう事でもしなければならないのだと私に自己紹介をしました。ちょっとずる賢いところはあるようでしたが、悪い人でもなさそうな気がしました。なにしろ、その時、私はもう婆やを娘の嫁入り先に帰していたし、例の洋食の女コックはまるで、同性愛のように私に接するので、渡りに舟という気持ちで彼の話に耳を貸したのです。

ところが、その人はもう一人の南京人を連れて来て、買い出しに行かせるのだといい、しかも開店当日は私に無断で四川料理まで出したのです。コックは彼が麵作りだといって連れて来たのが一人、二人、三人と増えていきました。やがて店は「担々麵」で大当たりとなり連日大入り満員となりました。日曜や休日などは、まるで四川人クラブかと思うほど、四川人だらけとなり、有名な四川劇団の役者や映画監督、市政府の要人達までぞろぞろやってきます。終いにはインド、パキスタン大使館の連中もどんどんくるようになり、大使まで食器ご持参で来る始末です。狭い胡同の表玄関前にはいつも高級車の一台や二台が停まっているので、たちまちの中に北京で有名な「益康」となってしまいました。忙しくなるにつれて私は毎週土、日を過ぎますと疲れで熱を出し、一日や二日は寝たきりとなりました。他の日は「愛国公債を買う会」「衛生会」「工商聯の会」と会合ばかりです。会合には必ず経理本人が出席しないといけないのです。子供達ともだんだん遠くなり、店の繁盛とともに子供達は、東の棟に追いやられて私はだんだん嫌気がさしてきました。コックの中の一人は大そう横暴になり、兄の子供達には少しもよくしてくれません。

夕方遅く帰宅してみると、兄の子供達はまだ食事も与えられてない状態の日がつづきました。私は店の者全部を責問し、次の日から自分達で別に食事を作る事にし、上の女の子にしっかり言いつけました。ところが、彼女が台所へお野菜やお肉を取りに行くと、ろくでもない物しかくれないというのです。私は堪忍袋の緒を切らし、店に飛んで行って、

「赤紙と筆を持ってきなさい！」

と命じ、その場で「修理内部、暫停営業」と八つの大きな字を書き、

「表の門を閉めなさい！」

と命じました。当時八、九人もの従業員はびっくり仰天しました。中でも白髪じいさんと仕入れのじじいは、大恐慌して私にさんざん謝り、以後必ず兄の子供達を大事にすると申しました。私は「子供達のためにこんな困難な事をしているのに、大切な二代目を虐待するとは何です。この店にいる限り私の命令にしたがわなければ出て行ってもらいます。そうでなければ店を閉めましょう！」といったので、皆シーンとおとなしくなりました。大の男連中は見た事もない私の剣幕にすっかり度胆を抜かれてしまったみたいです。そこで、一度だけは許す事にして、帳場を受け持っている従兄に貼った紙をはがさせました。彼は北京有数の財産家なのに国民党時代に金を出して「国大代表」という馬鹿気た地位を買った為、解放後にそれが災いし「街道管治分子」といって居住区の派出所で看観者となっていました。その後私もいろいろ説明して彼は看観を解かれ、行き場がなく私の店で帳簿をつけてもらっていたのです。彼は、結局これがきっかけでその後もずっと会計として働き続ける事になりました。私は前からこの従兄の意気地無しが嫌いでしたので、

「初めて私が怒ったとこ見たでしょ、人間怒るべき時には怒らなくては駄目よ。あなたもお人好しで通さず少しは背骨をのばすと良いわ」

といってやりました。店の方はこんな事にかまわずどんどん繁盛して行きました。従業員は二十人となり、どこもかしこも一杯で油っこい入れ物がズラリと並び帳場も一人では足りなくなりましたが、繁盛すればやっかみもおきます。従業員のそんな感情が私には嫌で嫌でたまりませんでした。私は初めからコック、帳場の先生、買い出しとそれぞれのサラリー額をちゃんと決め、白髪のじいさんとコック二人と私は月六十元、買い出しのじいさんと帳場の先生は同じ五十元でした。私を除く他は皆衛生費と称して別に手当てが付き、コックの妻もお野菜洗いとして、月二十元与えておりました。それでも、南京から来たコックは根性が悪く、何かと独占しようと企むのです。

或る日曜日ちょうど大入り満員の時、彼は突然急病だといって奥に引っ込んでしまいました。日曜のこんなに忙しい時にコックは私を困らせようと悪態を付いたのです。こうすれば必ず私が平身低頭して頼みに行き、それでこっちを抑える積もりだったのです。ところが、私はちょうどその時帳場に座っていたのですが、あわてふためいた白髪のじいさんが、その事を告げにきた時「あら、そう、じゃ私が替わりに行くから放っておきなさい」といって台所に入り、見習いの弟子に、

「あなたの師匠さんにしたように材料を持って来なさい、何をぼんやりしてるの、早く持ってきなさい」

というと私の一喝で皆動き出し、私はシャー、シャー、シャーッと「麻婆豆腐」でも

「回鍋肉」でもみんな作りあげました。ただお鍋があまりにも大きくて持ち上げられないのでお弟子さんに持ってもらいました。本当は私はこんな物は一度も作った事がありません。毎日の見よう見まねでおぼえた事を大胆にやってのけたまでです。

その頃、北京には四十万人もの四川人がおり、文芸界の有名人などがよくきました。その人達の口はとてもこえていてすぐ味を食べわけ、その日も或る有名な詩人が来てました。その詩人が出ていく時、私に向かって、

「金さん、お店はコックさんを変えましたね」

と言うではありませんか。私はさすが有名な食道楽だなと思って、きいてみました。

「どうですか、今度のコックの手並みは」

「前のよりいいよ。大変美味しかった」と返事をされました。

この事は例の意地悪コックにはとてもショックだったらしく、その後すっかりしょげておとなしくなりました。

お店の生ビールの販売許可や食用油の量を月十斤から三百斤に引き上げてもらう政府との交渉は誰が行っても駄目でした。当時、北京では生ビールを競って売る店が多く、なかなか許可が取れないのも事実でした。しかし、ビールがあるのとないのとでは、料理の売り上げが全然ちがってきます。私はどうしても、その許可を取らなくてはと思ったのです。又油にしても十斤位じゃ何も出来ません。それで自分が行く事にしました。

区役所では、けげんそうに聞くのです。

「何しにきた？」

「家の店の油の量を上げて貰いにきました」

「待っておれ」

と全くの無愛想な応対です。三十人程の人（皆屋台などの小売人）をどなりつけたり、すごく責問したりしてかたづけた後部屋の中には誰もいなくなりました。男は、

「なぜすわっている？」というので、

「あなたが、待っていろと言ったのに、忘れたのですか？」

と答えると、彼は、

「もう、誰もいないじゃないか、今度は自分の番だくらい分からないのかね。君は一体どれほどの油が欲しいのかね？　月に三百斤で足りるか？」

というのです。

私はこれを聞いたとたんにさっきの怒りがたちどころに消えて、

「本当ですか？　冗談じゃないでしょうね」

と笑顔でいいました。

「役人は仕事中冗談はいわない、又喧嘩腰にもならないよ」

という彼の言葉に、

「ハハハ――、ありがとう。さあ、早く書き変えて下さい、私忙しいのですから」というと、

「君は現金な人だ。自分の望みが叶えられたとたんもうニコニコしてさっきの剣幕はケロリと忘れている」

と、いささか呆れたようにいいました。

私は意気揚々と店に戻りました。もちろん、白髪のじいさんはじめ皆は私を恐れるようになりました。しかし、私はもう本当にこんな人達と一緒に仕事をするのにあきあきし、子供達の教育も疎かになり、なんとかして他の仕事に変えようと思っておりました。私はこの頃殆ど毎土、日が過ぎると二日位は高熱を出して寝込んでおりました。いつも、水曜日になると私は気休めに胡同の入り口にあった「和平字画店」という斉白石の画を専門に売る店へ行き、そこの静かな雰囲気で息抜きをしました。

或る日、私は一枚の蓮の墨絵を見て思わず「これ誰の作ですか？　素晴らしいわね」とそこの経理に聞きましたら、彼は「これは南方で有名な画描きさんで、もと桂林美術専門学校の校長馬万里が描いたものです」と答えました。そして、

「彼は今非常に苦しんでいる。生活にも窮している。彼は画だけでなく字もてんこくも上手だ」

ともいいました。もともと私は字画は好きですが、その道に通じているという訳では

ありません。次に、又私が行きました時ちょうどその画家も来てました。そこの経理に紹介されて、握手をかわした時、画家である馬万里は私をまっ正面から見ようともしないで、如何にもきまり悪そうにすぐ経理の机の前に行ってしまいました。しかし、私が経理と話している中に、彼は何かコッコッ彫っているようでした。そして私が立ち上がって帰ろうとした時、彼は経理を呼んで何か渡したのです。経理はすぐ私の方に向きなおり、

「ほら、馬先生はあなたに自分の画を認めてもらったお礼に印を彫ってくれましたよ」

と言って八分四方位の鶏血石の印を私に渡しました。見ると「金黙王」と「玉」の字を古代式に「王」と彫ってあります。確かに鮮やかな彫りです。でも私は困惑しました。鶏血石は高い石ですし、名人の彫りは一字幾らという高い値です。当時の私にはそんな経済力はありません。それが分かったのか、もじもじしている私に向かい馬さんは、

「これは差し上げるのです。記念にお収めください」

と慎ましくいい、経理も傍らで、

「かまわないから、お受けなさい」

といいました。

「それじゃ、どうもありがとう。お暇な時は何卒食堂のほうへ味見にいらして下さい」

といって帰ったのです。次の日彼ら二人は本当にやって来ました。それから画家は、

毎日のようにでかけて来てはビール一杯とお料理一皿で庭に出してある机に陣取り、何もいわず只座っているだけでした。

ちょうど、同じ頃、白髪のじいさんが連れて来た南京人のじいさんが私につきまとい、何やかやとお世辞ばかりいうのでした。

第七章　結婚に踏み切る

店は益々繁盛しましたが、人手が増えたので私は用の無いかぎり出て行きません。それに毎日会合がありますので家にいる時間は益々少なくなり、子供達の面倒など見る事も出来ません。私は内心とても悩み、このままだとどうなる事かといつもぼうぜんとした気持ちで、会合に参加していても、一体誰が何を話しているのか少しも耳に入りません。しかも早退する事も出来ない、何百人の中で女性はほんの二、三人だし、どうしてか私は目立つ存在なので、抜け出られません。お腹をへらしながらトボトボ歩いて帰る時、私はつくづく情け無いと思いました。

この頃、北京では社会主義体制づくりが少しずつ軌道にのって「公私合営」運動が始まりかけておりました。私は心から「早く、合営になってくれたら良い」と望んでその日が来るのを待っておりましたが意地悪コックは合営にはムキになって反対します。私をおどしたり、すかしたりして私営にこだわりました。それに、悪らつな事には子供達をそそのかすような事ばかりいうのです。

「経理はあなた達の親でないから、どうしたって母親のようには、可愛がってくれないよ、自分達の事は自分達で決めるといいよ」

などといい聞かせ、特に一番上の女の子には、学校なんか行っても銭にならないから早く相手をみつけ結婚して独立する事だといい聞かせたので、上の女の子はとうとう私のいう事をきかなくなりました。

私は悲しくて、自分がいつも会にばかり出て家にいないからこんな事になるのだと思い、家庭でも作らないといけないと考えました。私にだってこれまでに好きな人がいなかった訳ではありませんが、自分が結婚すると兄の子供達はどう思うだろう、相手とも旨く行かない時はどうなるだろう、又もし自分の子供が生まれたらどうなるだろう——と考えて結婚しませんでした。ずいぶん辛い思いで意中の人とは別れました。私はいつも自分一人が犠牲になっても四人の子供さえ幸せになってくれたらそれで充分価値があると考えていたのです。

けれど、私は彼等の食べる方をかまえば、家庭教育の方はかまっていられなくなり、家庭教育をかまえば食べる事が困難になる立場でしたので、私は一途に子供達が分かってくれる事を望み一生懸命働きました。

解放当時の頃ですから、「自由」という二字をとんでもない方向に解している人が多く、社会も混乱状態でしたので、私はどうする事も出来ません。厳しくすればするほど子供達は離れて行きます。それで、私は思いきって結婚しようと思いました。そして、相手に画家を選んだのです。画や字などが子供達に与える影響も悪くないし、毎日学校から帰れば家に大人が一人居るだけでも良いと思ったのです。それに、馬万里は画を描く所もないので毎日私の只一つ残っている大きな机を使ってかいておりました。どうせ、私は毎日、留守なので部屋ごと彼に提供しました。私は心でこのように思っていてもなかなか実行とまでは踏み切れなかった時、又例の南京じじいが私の所に来ていうのです。

「あなたは、馬さんに机などを貸して毎日画をかく理由で来させているけれど、考え物ですよ。外の評判はとても悪いからもう来させるのはやめなさい」と。

私は彼を張り飛ばしそうになりましたが、グッと我慢をして怒鳴りました。

「余計なお世話だ、出て行け！」

彼は出て行くどころか、厚かましくいったものです。

「それともあなたは彼と結婚する気かね」

私は何も考えず、

「そうなのよ、それがどうかして？」

といったのです。そうしたら彼は、

「画家なんてろくな奴はいません、絶対に芸術家などと結婚するもんじゃない。私の方が余程良いですよ。私は南京に洋館を一つ持っているから、それを売って妻と離婚して半分をあなたにあげるから、それで二人してこの店をやって行こう」

といってのけたのには開いた口がふさがりませんでした。

「あんたは気でも狂ったの？　何をまと外れな事考えているの？　この上もっといったら張り飛ばすからサッサと出ていけ！」

と大声で私が怒鳴り出したので、さすがの厚顔無恥なじじいもショボショボ出て行きました。

私は次の日馬さんが来た時「結婚しましょう」といって彼を仰天させました。彼は暫く黙ってからゆっくりと「あなたは大変聡明で、私の芸術に対しても充分な理解を持ってくれており、私は、勿論あなたが好きですが、やはり考えなおして下さい」といいました。

私はなぜかその時、自分からいい出した事なのにほっとした気持ちでした。しかし、次の日又例の南京じじいを見たとたん「やっぱり結婚するんだ」と決心したのです。

二、三日たってから朝早く馬さんがやって来ました。手に鄭板橋の印を一対持って私に向かって「戦乱で私の大事な画や字、印などはみな爆破されたり、とられたりして無くなり、もう、何もない、これは残っている物の中で一番値打ちのある物です。これは本物ですから記念にさしあげます。あなたのご好意に対して私はこれくらいの事しか出来ません」といいました。

私は彼の誠意に打たれて何もいいませんでした。それから一週間程たって彼は自分の友人が画を描くところを提供してくれる事になったからと画筆や硯などを持ち帰りました。又二、三日して彼はその友人と一緒に食堂へ来て食事をしました。その時その友人から又色々彼についての話をききました。

彼は、江蘇省の揚州の生まれでそもそも家代々は漢医で彼の父は大変な名医でかつて清朝の宮中に召された事もあったのですが、その後、財をなした為に同族にねたまれ、最後は財産目当てに親戚の人に毒殺されたので、祖母と母親二代に渡る後家はもう決して息子に医業を継がせぬ決心をしたのだそうです。彼は小さい時から画を描く事が好きで又鳥や虫などと遊ぶ事が好きだったとか。

或る日彼が蟬を描いていた時、余りいきいき本物そっくりで驚きました。彼は又印を彫る事も好きで、自分の家にある名人の画でもその画より押されている印が好きな時は皆切り取ってスクラップブックに貼ってお手本にしたともいいましたので、私は「なるほど、それでこんなにこまかいところまで正確に描けるのだな」と思いました。彼は山も人物も花鳥と同じように上手でした。その後、彼は南京美術学院に学び優等生として、卒業後そこに残されて助教授となり、それからは次々と中国南方の各大学の美術科主任を担当し、解放直前までは桂林で美術専門学校を創立してそこの校長をしておりました。

彼の一人娘は張大千のお弟子となり、主として美人画を描きました。この娘さんは彼の弟子の桂林美術学校の優等生と結婚しております。

彼の最初の結婚相手は美術学校でのクラスメートでしたが二番目の子供を生む時に亡くなりました。この為、彼はとても消沈したそうです。その後家族（母と妹）の言いなりに結婚しましたが、旨く行かず離婚してしまったそうです。私と結婚するなら三度目なわけです。私は何度目の結婚であろうと頓着いたしません。正直なことをいえば、その人よりその人の芸術とそれに対する彼の態度が好きでした。

或る日、馬さんが又来ました。私は彼に向かって、

「やっぱり、結婚する事に決めました。これから、一緒に区役所へ行って登記しましょう」

といきなりいいましたら、彼はちょっとびっくりしていましたが、

「本当は私はとてもあなたが好きです。然し、私はもう二度も結婚した事のある人間で、しかもあなたより十何歳も年上です。私はあなたの名誉にかかわるような事はしたくありません」

と答えました。私は、

「もうすでに私の名誉にかかわってますよ。あなたの過去は私にはどうでもよいことなんです。私は子供達の為に家庭というものを作ろうと思うのです。あなたなら子供達の

為にも良い影響を及ぼすと思うので決心したのです」

　といいました。彼は暫く顔をしかめて遠くの方をじーっとみつめて黙っていました。私も黙りこんだままでした。

　実は前の日、和平画店に行きましたらそこの経理が私に「馬万里はもう自分のような画描きには前途がないと思い自殺しかけてる。彼は娘の家に同居しているが寝る所もなく夜になると机と椅子の背を脚にして板を渡して寝ている状態だ。あなたは知っていなさるかどうか知らないが、彼は少々気が変になってますよ」

　といったのです。私はこの事を聞いてから深く同情し、どうしても、助けてやらねばと考えました。そこへ、ちょうど来たのでこんな事になったのです。暫くたってから、彼は急に私の顔に目を移し食い入るようにみつめ続けました。私は気持ち悪くなり、「さあ、行きましょう」といいましたら彼は何もいわず立ちあがりました。二人は歩いて十五分程の道を互いに一言も言葉を交わさず区役所に着き、

「結婚登記にきました」

　といいました。係の人は少しけげんな顔をして「二人とも自分の意志ですか？」とききましたので私は「ハイ、そうです」と答えました。彼は首をコックリしただけでした。何だか私はおかしくなりニヤニヤしてしまいましたが、ちょうどその時係の人が「大分年齢の差がありますね」といって私を見たのと同時になったので、係の人は私が心から

好んで結婚に同意したと思ったらしくもう何もいわず「結婚証書」をくれました。この「証書」は筆で記入する事になっているのですが、肝心の書記が不在でした。係の者がマゴマゴしている時、馬さんがいきなり、

「私が書きましょう」

といって筆をとりあげ、実に見事な字でアッという間に書きあげました。係の者は、すっかり感心して公印を押し、「おめでとう、お二人の幸せを祈ります」といってくれました。

帰途の馬万里は嬉しそうでしたが、私は何の感想も湧いてきませんでした。まるで、一つの義務を果たしたような気持ちで少しも嬉しいとは思いませんでした。家に帰る途中で彼と別れて一人になった時、(彼は早速娘に知らさなくてはと言って帰ったので)私は、「世の中にはこんな結婚をする人は少ないだろうなあ」と思ったものです。

なんといってもごく内輪の人には、知らせなくてはなりません。それで、私は店で二テーブルの料理を用意させ、北京にいる姪の一人から「旗袍《チーパオ》」(中国服)を借りごく親しい彼の友人だけを呼ぶ事にしました。久しぶりに令嬢向きの旗袍、しかも自分のは売り払って、もう一枚もないので借り物を着た時の気持ちは、あまり良くはありませんでした。彼と私は招待状を毛筆で書き、私の一時の思いつきで「金馬」という印を彼に彫らせて蘭の下絵のある封筒を作り、彼の友人の各画家あてに送りましたが、私にはこれ

が、結婚に関して一番楽しい思い出です。

店が、繁盛すればする程、私は益々多忙な日常になっていくのでしたが、或る日、大入り満員でざわついていた最中に白髪のじいさんがすっ飛んできて、震えながら、「大変です、経理、台所が――」というのです。台所に走って行きましたら、もう竈の後ろ壁が真っ赤で、コックも弟子もどうしたら良いのか見当もつかないようにうろたえており、泣き出さんばかりの態でした。

「何してるの、小王、庭にある石炭殻入れの大きな塵箱に水をぶっかけて持っといで早く！　小李、ここの材料入れ全部に濡れ布巾をかけなさい！　ボヤボヤしないで、そら、急いで！」と小声で叱りつけ、小王の担いできた濡れ灰を私はコック二人に手伝わせて竈の上に持ちあげていいました。

「さあっ、火口の真上から一度に全部かぶせるんだ！」

そうしておいて、一間隔てたすぐ隣の食堂に行き、お客さんにむかって平然と「皆様、すみませんが、今夜急な会がありますので、もうオーダーはこれで終わりにさせていただきます。政府の方から使いが来て急いで店じまいして全員参加せよといってきているものですから、ご了承願います」といいますと、さすが社会主義国家の事、お客様は何もいわないどころか、

「そうか、そんなら早く食べて帰ろう」と次々席をたってくださいました。やっと、全

部のお客様を送り出し、台所に入ってみたら私のいない間に壁を突き抜け火が吹きだし、又々灰を籠に三杯かぶせたので、通路に面した窓からもうもうと煙が噴きだしていました。それでも火はやっと消す事が出来ました。皆ぼうぜんとして「これは、大変だ、街道役人に知られて派出所にでも報告されたら大変な事になる」「早くても一週間は修理工事にかかるだろうから、すぐ知れるだろう」「それにしても、今頃どこから職人を呼んで来られるかあてもない」などと口喧しくいうくせに、誰も動こうとしないのです。従兄の会計だけは、

「大丈夫ですか？　どうなさいますか？」と聞くので、役にも立たぬこの人を残してもしかたないと思い、

「大丈夫、みんなお帰り。だけど、この事は口外してはいけません」と口止めして帰しました。

その後、私はすぐさま向かい側に住んで居る親子で土方をしている家に行き、ちょっと相談があるけれどと事の次第をうちあけました。そして、日頃、世話になっているのだから、出来る事ならなんでもお役に立ちたいという彼に、

「どうしても、今夜中に竈を作りなおさなくてはならないのよ。工賃もうんと弾むから息子二人連れてすぐ家に来てね」と頼みました。

彼はすぐ来てくれましたが台所に入るなり、「こりゃ、大変だ、竈の火が大きすぎた

んですね、二つ半のレンガを通して壁の中の柱が燃えてますよ。このままでは駄目だね。柱を変えなくっちゃ」「冗談じゃない。そんな事したら家をこわさなくっちゃ、一週間でも仕上がらなくなるわ」「じゃ、どうします？」「その柱の下だけ取り変えるのよ」「ヘエー、そんな事出来ますか？　家がつぶれますよ」「大丈夫ですから、同じ太さの柱を早く天橋の木材市場へ行って買ってきなさい。その間に私と息子さん二人でこの竈を取りこわすから。明日の朝六時までに四人でこの仕事をすますのよ」

こんな問答のあとで、私と二人の息子は、ドタン、バタン竈くずしをはじめました。みる間に三人ともごみだらけの顔となり息子たちは私を見てゲラゲラ笑うのです。下の息子はまだ、十二、三歳の子供なので、なおさら笑いこける。すると、力が抜けて壊したレンガを外へ運んでいるのに、その籠を引っ張りだせずまた笑ってしまうのです。私もおかしくなり、

「何笑っているの、お前も同じ顔してるのよ。一生懸命力を出して引っ張りなさいね。あとで、うんと美味しい物を食べさせて上げるからね」

この言葉は見事に功を奏し、男の子は、今度は本当に一生懸命に引っ張ったので、瞬く間に幅三メートル、奥行き一・五メートル程の大竈の上三分の二は取り退けられました。中に据え付けたオーブンも取りはずしました。こうしたのは、あとで、又築く時、時間が省けていいし、オーブン付きは手間がかかるからです。

ほっと、一息ついたところへオヤジさんが帰ってきました。なんと、感心な事に太い長い柱を片手で肩にかつぎ、片手で自転車を運転するという勇ましさです。私はすっかり嬉しくなり、

「大変だったでしょう！　さあ、一休みしてちょうだい。かしわの涼麵を作ってあげますから」

感謝のあまり一息にこれだけいって、食堂に飛び込んで行きました。

私は手早く涼麵を大どんぶりに三杯山盛りに作り、

「さあ、早く食べた、食べた」

と持って行ってあげると、子供二人は大喜びでしたが、オヤジさんの方は泣きそうな顔をして、「もったいない」と言います。「何いってるの？　早く食べて仕事しなくちゃ」と私はちゃかしました。

下半分の柱を上の方約十センチほど真ん中から縦に割り、家屋の上の方の燃え残りの柱も同じようにして、両方継ぎ合わせて太い針金で縛りました。レンガでしっかり柱を包んでその外側にドロンコ、さらに上側を石灰でぬり、竈も三分の一を土台にして四人で一生懸命築きあげ、もと通りにしました。二人の子供は涼麵のお蔭で元気になり、とても子供と思えないほど働いてくれましたので、五時にはもう出来上がりました。

彼ら親子三人に充分なお礼を渡して帰したあと、材料棚全部拭き終わったころは、も

う七時近くでした。自分の部屋に帰って五分もたたない中に表玄関を叩く音が聞こえてきました。私は悠々とでて行き戸を開けたら、案の定、居留民委員会の役員という人が来たのです。

「昨日はお店に何かありましたね」といいます。私は、台所へ案内し、パッとドアを開けました。彼は部屋に入ってキョロ、キョロ見回したけれど、どこもなんともなく、しかも竈にはちゃんと火がついているので、あわてて恥ずかしそうに、そしていくらかけげんそうな顔をして出て行きました。

この時白髪のじいさんも南京じじいも他の人達も次から次へと出勤して来ました。私は自分の部屋に入って知らん顔をしていました。

後で聞くと、もし火事の現場を押さえられたら、経理は責任者として刑に処せられたのだそうです。しかし、この事があってから店の使用人達も二人のじいさん、そして意地悪コックまでも私に対し一目も二目も置くようになり、前よりはるかに使い易くなりました。こんな事があったりした中にも情勢はどんどん変わって行きました。店は相変わらずの繁盛ぶりで、土、日曜毎に私は一人で三人分の働きをしなくてはなりませんでした。月曜日はほとんど疲れて寝たきりの状態です。私は、東側の小さな部屋に住んでいる姪達の事が気になって、これじゃ家庭教育もあったものじゃない、教育の方に重点をおけば、食べるのがおろそかになり、食べさせるためには教育の面を犠牲にしなくてはならないと言う羽目に陥って、本当に泣きたい日々でした。これが、生活に追われるという事だろうと思い知りました。

この頃、巷では、公私合営の話で持ち切りでした。北京中の商業に従事する者は全部公（政府）私（個人）合営になるという事で解放五年目（一九五四年）の中国の私営店の主人らはハラハラ派、マッピラ派、お助け派、歓迎派、などと色々の派に分かれており、土、日を除いては、いつも私が出かけなければならない会合のどこでも、この事が話題でした。私は、やれ愛国衛生会、工商聯会の集まり、愛国公債券の認講会（自分の力に応じて買う額数を決める）、各項目の表彰大会などにかり出されながら、心の中では早く公私合営になってくれと願っていたのです。

ところが、例のコックは公営になれば自分の思い通りにならないと見て、猛反対のマッピラ派に属し、色々と難癖をつけてご注進に及んできました。私は何もいいませんが、絶対に公私合営にしてしまう決心は、無言の中に彼に感じさせておきました。

そうこうしている中に或る日突然四、五人の政府の人が連れだって店に来ました。きけば、公私合営の為店の資金並びに家財道具の見積もりに来たそうです。私は大喜びで、次々と洗いざらい見せては二束三文の値をつけました。特に意地悪コックは恨めしそうな顔をして傍らで溜め息吐息で見ています。彼はもともと私にその店を譲って欲しいとかんがえていたのです。素直にいえば私も只であげても少しも惜しくありませんのに、おどかしやら、ストライキなどするのです。こんな店に未練など少しもない私でしたが、彼の悪らつさにへきえきし、公私合営の日を待っていたのです。コックは最初私が恐れをなして譲るか又その店にすがって生活するより他に道がないと思ったらしいけれど、私が「修理内部、暫停営業」の赤い紙を玄関に貼って三日程も雲がくれしてからはおとなしくなりました。しかしまさか私が本当に公私合営に踏み切り、しかもこんなに二束三文で惜し気もなく、手続きをすませるとは思わなかったようです。すべての物を点検したあと、私はケロリとしてそのコックにいったものです。

「ほら、陳さん、これでさっぱりしたでしょ？　あんたもこれから前途無限ってことになるから、これからは品行を改めて真面目に働く事ですね」と。彼は実になんともいえぬ表情をして黙ってました。

或る日台所で大声がするので、どうしたのかきくと、白髪のじいさんが、

「また、喧嘩です。いくらいってもきかないので、いらしていただけますか？」

というのです。台所に回ってドアを開けたとたん、向こうの角から雑巾がサアーッととんできたかと見る間にこっちの方からもクソッ！　と叫んでサーッと雑巾がとんで行きました。二人のお鍋の中にはそれぞれお料理が入っていて、互いに雑巾をとばしながらも、お料理の加減はちゃんとみています。かき回したり、調味料を加えたりしているので、私はおかしくて吹き出してしまいました。それでも私が入っていきましたら二人

とも声を落としました。私は黙ったままそこに立ち、何も言わず三分間ほどみて二人の料理がそれぞれできあがった時、弟子達にいってやりました。

「何ぼんやりしてるんですか。早くお客様の前に持って行きなさい。そして、これはコックが喧嘩をしながら作りましたものです。もし、何かお味がたりない時はお取り換えいたします、とおことわりするのを忘れないようにね」

三人の弟子はまだ子供なのでアハハハと笑いました。その時、私はいきなりコック二人に向かい、

「二人とも外へ出ろ！　思い切り喧嘩して勝負つけてから仕事につけ！　いつも見て見ぬ振りしてあげているのをつけあがるな、バカヤロー！」

といったので二人ともびっくりしておとなしくなりました。まさか、私がこんな大声で人を罵倒するなどと思ってなかったのです。

私の店は北京でも有名で四川人の間には殆ど知られ、四川劇団の名優や映画監督、女優、詩人等もよく来ていたのは、すでにのべた通りです。

或る日中国の有名詩人艾青さんがいつものように入って来て「今日は生き魚がありますか？」ときいたのですが、あいにくその日は生きた魚（四川人や南方人は皆好んで魚の生きたのを自分で選びその場で殺して料理してもらうのが好きです）が無く、皆もう油で揚げてしまったあとでした。

ところが、これを台所で聞いたコックはアッという間にお料理を出し入れする小窓から首を突き出し艾青さんに向かって「あります、あります」といったのです。「どこに？」「これ、これがそうです」「これが生きた魚なの？」「ハイ、これ生きていたのが死んだのです」。これには、皆大笑いしました。

結局、艾青さんはその生きてたのが死んだという魚を食べました。

当時の北京市長は彭真で、彼が天安門で「北京は今日社会主義社会に入った」と宣言し北京中の商店からは出せるだけの人を出し、大風の中を爆竹の音と共に「万歳」を叫び、長い長いデモの行列が北京市内を一廻りして公私合営は一応ケリがついた訳です。

私は合営されてからも経理でしたが、すっかり気軽になり金曜日などもう買い出しの資金などの心配をする必要もなく、政府側の人が来れば「お金届けにきたの？」くらいですみました。これからどうしたものかと思いながらも毎日、各種の会合に追いまわされていました。私は小売店のおやじさんやおかみさんに混じるととても目立つ存在なので、遅刻しても早退してもすぐ見つかります。壁に沿って人をかきわけかきわけしながら皆の背後からやっとドアのところまで来ていざ抜け出そうとすると、「あ、益康食堂の経理さん、もうじきですから、帰らないでください」で、試みは水泡に帰し、そこに立ちすくむよりどうしようもありません。ともかく解放後は会合がやたらに多く、私は三年間こんな会に出ていたのですが、正直な話、彼等がその都度何を喋っていたのかぜんぜん印象に残っていません。私はいつもその時間を利用しては他の事を考えていたのです。バタバタ夢中で働いている時は別として、こんな長い時間座っている時の心はいつも虚ろで何か足りない。一週間も新聞も見ない事があったり、数字の他は字らしい字も書いていないと思ったり、日本人の方が東京の兄からのことづけ物など持って来て下さったあとは尚更なんともいえない虚ろさを感じました。

或る日のこと、北京市東単区飲食行業の主任さんが訪ねてきました。会ってみますと、色々私の履歴を聞いたあげく、「あなたはこんな事をしているのを、ご自分で『大材小用』だとは思いませんか」といいました。私は自分を大材だとは思ってませんが、もうこの職業にアキアキしてます、と答えましたら、この邱主任は早速転業したらどうか、事務所にあなたを待っている人がいるが、行ってみるかどうかと聞くのです。そして、「テストを受けるんですよ」といいました。これは私の日本語の程度を試して、何か翻訳をさせる積もりだな、「よし、それなら一つ行ってみよう」と好奇心にかられて、一緒に東単のある小さな店構えの事務所に行きました。そこには、一人若い青年が座っておりました。彼は私を見ると立ち上がって自信たっぷりな顔をして「まあ、お座りなさい」といいました。私は何もいわずにそこへ座りました。邱主任は何時の間にか出て行きました。そこで、青年はおもむろに私に命令をくだしました。

「あなたの履歴を日本語で言ってみてください」。私はニヤニヤしながら、日本語で

「私、頭が悪いので、生年月日なんかもう忘れて仕舞ったわ。大ざっぱでよいなら――」

ところまでいいましたら、彼はいきなり、

「それでは、この本のどこでもいいからひとくだり読んでみて下さい」と手に持っている岩波文庫を私に渡しました。見るとなんと懐かしい夏目漱石の『我輩は猫である』でした。私は開いたページのところを一気に読み出し、只懐かしい日本の本、しかも自分の愛する文学の本を久し振りに手にした嬉しさで一杯になりました。しかし、三分もない中に彼は「もういいです」と言って本を取り戻し、今度は前とは違った態度で「あなたは今日私がテストした七人の中の最優秀者です。近い中に通知を出しますから正式のテストを受けに行ってください」と中国語でいいました。

トボトボ店に帰り又もと通りの日が続きました。何日かたち、もうそんな事も忘れた頃、突然通知書が届いたのです。北京市第八中学校へ正式の試験を受けにいくようにと書いてありました。

当日、ベルの鳴る寸前にその第八中学校に着き、廊下を走りながら、見ると「日本語」、「フランス語」、「ドイツ語」と幾種類もの組に分かれてそれぞれの教室のドアには りがみがしてありました。「日本語」と書かれた教室に飛び込むと、私の番号の机だけ空いていました。大急ぎで座って周りを見たら、驚いた事に私の家の身内の者が他に二人もおり、満州国時代の大臣の息子さんなどもおりました。そして、更に驚いた事には、おごそかに入って来られた試験官が顔見知りの陳さんでした。この人はなんでも台湾籍とかで、いつぞや兄を訪ねて家にも来られた事があり、私も兄に連れられて彼の家へ一度いった事があります。しかもその時彼は庭一杯に金網を張って鶏を飼っていたのです。私は鶏屋さんという印象が深かったので「アレエー、鶏屋さんが試験官？」と内心呆れました。彼は私と眼が合った時黙礼しました。私は思わずニヤリと笑ってしまい、あっもっと厳粛にしなくてはと気がついた時は、おそかりし由良之助でした。

試験はお茶の子サイサイで真先にすみましたが、余り早く渡すのも気兼ねしてましたら前に座って居た家の者（私の兄の一人）が立ちあがったので、私も立って二番目に答案を渡してサッサと店に帰りました。帰りはその頃東城から西城に通じるたった一本の路線バスで東単まで乗るのですが、どうした事かその日見た天安門の印象が、当日の試験問題よりも強く残っております。

店に帰って来た時、皆一斉に私を見たものです。私はどこ吹く風というような顔をして皆をひとわたり見回してやりました。会計の従兄だけが「どうでした？」とききました。他の人は黙っています。私は未だお昼前のガランとした店の中央に立っていきなり、「晴と陽は輝き、口に歌う晴れやかな――」とこの大好きな「オ、ソレミヨ」を日本語で声一杯に歌ってクルリと一回りして、呆気に取られて居る奴さん達を尻目にサッサと自分の部屋に入って着替えをしました。

第八章　北京編訳社に入社

忘れもしない一九五六年六月、私は正式に中華人民共和国のサラリーウーマンになりました。北京編訳社の日文組の翻訳員となったのです。これは周恩来総理が創立させた新しい組織で、当時北京全市に住む人を対象に、各国に留学した事のある人や外国語の出来る人でまだ就職してない人、又は私のように全然違ったところで、生活のため止むなく働いている者を、各国文書の翻訳をさせるべく集めたのです。当時失業している、中国のいわゆるインテリ階級の人達に生活の路を与えるために創立したともいわれています。

なにしろ私には初めての時間通りのお勤めで、すべてが珍しく嬉しかったのです。何よりも自分の習得した日本語が役に立つ事になったのが、嬉しくてたまりません。社員として守るべき規則や、党の政策、社員同志の関係、又は相互のねたみ、そねみなど毛頭分からない、考えもしない私でした。誰に対しても警戒など出来ない私です。学校友達に対する態度で皆に接し、勝手気儘に振る舞いました。遅刻なども家事が多いし家も遠いから至極当然くらいに思って平気でした。自分さえ意地悪をしなければ、それで良いと思い、しかも自分では皆にとても親切にしているつもりでした。

入社してから初めて私はサラリーも級別である事が分かりました。初給の最高は六十元でしたが私はその初給六十元に属してました。大学出で月給四十八元などという人もいた頃です。日本語には自信があっても、出身が悪いという不安がいつもつきまとっておりましたので、私は最高級のサラリーをもらった時は、とても嬉しかったのです。しかも、初めの一ヵ月は社の改築がまだ終わらないので、出勤しなくてもよく、私は本当に何年振りかでゆっくり出来ました。

話は変わりますが、その頃私に同情を寄せて一ヵ月に一回位は大勢のお客様を連れて食事に来られるお年寄りがおりました。その方は清朝時代の「挙人」(科挙の郷試の合格者)で父の事をよく知っており、たまたま姪とその方の一番末の娘が同級生でしたので、私が食堂を開いた事が分かり、それから来るようになったのです。住所も近くでした。お名前は袁さん。私は何よりも姪の事を宜しくお願いしますと頼み、ピアノもその家で練習させていただく事にしてお正月やお休みの日など私も遊びに行きました。そんな関係でだんだん親しくなり、その家の事情なども分かりましたが、人民大学の教授に嫁いでいるその方の長女とも知り合いになった訳です。当時、私はその人についての詳しい事は知りませんでした。その長女はお会いした時から私にケタはずれの親切を示しました。久し振りにこんなに親切にしていただける人に会い、私はとても喜びましたが、袁老人の周りの方は誰も彼女を良くいう人はおりません。皆彼女の事を陰険だと言い私に気をつけるように注意するのです。私は半信半疑でした。ただどうしてこんな老人にこんな小さな子供がいるのだろうと、なんとなくその家に神秘的な空気が漂っている気はしていました。

そうしているうちに、姪がこの家から帰って来るたび色々聞いてきます。袁老人の末娘と末息子は姪と同じ学校でしたが、彼等二人は、長女とは母が違うという事や、二人の母親は袁老人のお妾さんである事や、長女が少しも彼等を可愛がらない事や、自分達の母親が残してくれた宝石などは皆その長女に取られた事や、長女には盗み癖がある事など、だんだん具体的になって行きます。それでも、長女の顔形見かけはとても立派なものです。二男二女の母親で中肉中背、白髪混じりですが、たっぷりの髪にパーマをかけ、鼻筋が通っていて眼は二重まぶたで、おまけに非常な外交家で口達者です。袁老人によく似て品のある顔つきでした。袁老人はいつもおよそ時代離れのした服装をしておりました。清時代を思わせるような長いゾロリとした「中国服」を着て秋や冬などは、その上に中国式のチョッキや「馬掛児」という礼儀正しい短い上着を重ね、長い毛糸の襟巻きを一巻きグルリと巻き片端を背の方、片端を前方にたらし、アストラカンのスカルノ大統領式の帽子をかぶり、手にはステッキを持ち、いつも何人かの取り巻き連中を連れて私のところへ歩いて来られました。しかし、ついて来る人はほとんど超モダンな夫人連中、又は京劇の役者でしたので、その対照的な行列は大変目立ちました。袁老人はシャンとした姿勢で七十代の人とは思えない程足さばきがきれいで、しかも若者のような早さで歩きます。そのあとを美しく着飾った夫人連中と紳士どもが続く、それも立派な垢抜けした連中ですから、どこへ行っても「ふつう」の人達ではないという印象を与えました。長女はその連中の中でも一際目立つ存在で、どこへ行っても賑やかに座を取り持ち騒ぐのですが、袁老人は彼女を嫌い私の店へ来られる時は彼女抜きです。彼女は表面袁老人に一目置いているようですが、そんな事に頓着せず、勝手に私のところへ一人でやってきます。そして、いつも「日本の物ないの？　私演劇方面の人を沢山知っているから売ってあげるわ」等といいます。無いといっても、勝手にタンスなど開けて靴下や靴など持って行ってしまうのです。その頃、兄は子供達や私の事を心配してチャンスがあるたびに何かと送ってくれましたが、本当の事をいえば、あの頃（解放直後）の北京では市内に出まわっていない物など身につければ、人目に立ってろくな結果にならなかったのです。目立たぬものといえば、靴下くらいしかないので、あとの物はタンスの中に入れたままでした。宝の持ち腐れも同然だし、お金に換えて貰えるのは有り難いのですが、いくらにもならない物を売るというのは私には屈辱的で嫌でした。袁老人の長女はそんな物のしまってあるタンスまで開けて、私や子供用の靴下や私のブラウスなど、勝手に持ち出したのです。私は呆れてものがいえませんでした。

袁老人の娘だと思えば私にも彼女に遠慮がありました。しかしだんだんとなぜ袁老人が、その長女を嫌うか分かってきます。袁老人は清朝の挙人だったというだけあって、家でも外でも実にきちんとしていて、自他ともに厳しい方でした。彼の末の男の子はその頃まだ小学校四年生でしたが、学校から帰ると毎日お習字をさせ、漢文など自分で教えておられ、少しでも間違うと覚えるまで遊ばせません。学校の成績が悪いと中国の昔式に部屋の隅にひざまずかせ、壁に向かってそのままの姿勢で十分でも一時間でも自分の気がすむまで立ちあがらせません。誰か、代わりに謝りに行っても駄目でした。ところが、私には面子をたてて下さるのです。

私が、老人に「まだ、子供だからどうしても遊んでしまうんですよ。私の小さい時、丙なんか幾つも取ってきましたわ」というと老人は笑って「もう立ってよろしい。自分の部屋に行って毛筆字を十枚書いて来なさい」という調子でした。

或る日姉さんの方は私の姪と一緒にピアノのお稽古に行った、と弟の方だけが遊びに来て、私もちょうどお休みでしたので久し振りに子供達と話していました。私は彼に「お母さまは、亡くなったの？」と聞きましたら、「おば様は知らなかったの？　僕の母様はね、誰にも言っちゃ駄目よ、ピストルで殺されたの」といいます。私はびっくりして、「どうして？　誰に？　どこで？」とやつぎ早に聞きました。彼は前後の関係はあまりはっきりしない様子でしたが、次のような事を告げました。解放前、袁老人は北京の西城に五畝《ムー》園といわれる程の敷地を有する家屋敷を持ち、庭の中に果樹園などを作ってましたが、もうその頃彼は隠居同様の生活で、正夫人と第二夫人を従え、子供は下の方の三人（皆第二夫人の）だけでした。北京の長女は第一夫人の娘になる訳です。第二夫人はもと、芸者さんだったそうです。

袁老人は家庭教育が厳しい人で、子供が一人前になるとそれぞれ外国に留学させ、卒業後は各自一定のお金を与えて独立させました。長女の結婚した頃、女の子はまだ外にだしませんでしたので、長女はアメリカ留学を終えた青年と結婚させたのです。

袁老人は、企業の大株主でしたし、不動産もあり、ゆうゆうとした生活だったのですが、使用人に厳しく、何かあやまちをすると、鞭で叩いたりしたといいます。

ところが、いざ解放になると、国民党のお金持ちは我先にと逃げてしまい、彼の周辺も掌をかえしたように静かになりました。その頃、北京の下層階級の人達は、特に各家庭で使われている使用人達は、よほど優遇されていないと、主家にさからって出て行き、いう事をきかなくなっておりました。使用人達は袁老人を内心大変恨んでいたようです。

或る雨の夜、老人はいつものように友人の一人と応接間に通じる自分の部屋で碁を打っていたところ、突然パン！　パン！　とピストルの音がしたので、何事かと応接間まで出たところ、召使いが自分の家の壁に掛けてあったピストルを持って入って来たのに出会い、ものをいう間もなくパン！　パン！　と二発打たれてしまいました。友人は奥の部屋でこれを聞き、びっくり仰天してベッドの下へ転がりこんで助かったのだそうです。使用人はそのまま逃げてしまったので別棟の夫人達の居間に走り込んだら、そこで、正夫人、第二夫人、それに十六歳になる男の子が殺されていました。三人とも折り重なるように倒れていたのです。彼は大急ぎで、警察を呼び、その足で女中部屋に行ってみたら、女の使用人二人が子供を一人ずつ抱えて腰を抜かしていたそうです。

警察がすぐ来て袁老人を助け起こした時、彼の傷は幸い急所をはずれていたため、虫の息ながらロックフェラー病院へ運ばれました。老人はその後一年間も入院したままでしたが、その間長女は、公安局の取り調べに対し、自分一家の安全を守るため、知らぬ存ぜぬの一点張りで通し、しかも一応取り調べが終わって事件のほとぼりも静まってからは、父親の入院を良い事にして金目の家財道具は皆自分の家に運んでしまったそうです。もともと盗み癖のある彼女にとって、これは、全くのチャンスだった事でしょう。袁老人はあとあとになって、家族三人も射殺された事を知り、傷心のあまり、もう二度とその家には入りたくないと屋敷を売り払われたそうです。老人は退院後、主治医の家に長い事世話になっていた時、長女の行動を耳にして大変な怒り方だったそうです。とうとう老人は長女を勘当してしまいました。

ところが、解放後長女の方は町の隣組長のような事をして、積極分子として活躍しだしたのです。ちょうどその頃（一九五二年）、北京は三反、五反運動が始まっていたのを良い事にして、彼女は父親の友人を次から次へと告発しました。あとで聞いたのですが、この時彼女は自分一家を守るため「虎狩り」（三反、五反運動の時使った言葉、「打虎」というのがあり、これは大物を狩り出すという意味）で、自分の成績を上げなくてはと、大株主や銀行家の父親の友人をほとんど告発したのです。

こんな事が色々ありましたので、私が知り合いになった頃、袁老人は皆のとりなしで、長女の勘当を解いたところだったのです。しかし、長女も老人も私に対してはとても親切でしたので、私は、その事はもう全て過去の話だくらいに思って気にしませんでした。私は老人の親切さと、口にこそ出さないが行動で表す思いやり深さに、とても感激し甘えてもいました。しまいには納税日にお金が足りない時はお借りした事もあります。それでも、返すと約束した日には、きちんと返しましたので、老人は私を「見上げた女性だ、私に金を借りた人でちゃんと返した人は今まで誰もいない。さすが出身がちがう」と変なところで出身をほめられたりしました。その事を長女が私に知らせに来たりするのです。私は老人に同情する気持ちが強く、長女を警戒する心はあまり持ちあわせてなかったのです。

或る日袁老人と引っ越しの話をしているところへ、長女が来あわせ、自分の家の前庭の家がもうすぐ空く、そうしたら大家さんに話して家賃も少し安くさせてあげよう、だから、そこへいらっしゃいといいました。私は何も考えず、「この家探しのむずかしい時に、棚からボタ餅だわ」と喜びました。老人は私に彼のところへ引っ越しさせたかったらしいけれど、私は仕事場へ遠いのと、老人も借家で、しかもその大家の夫人の嫌らしさと、玄関脇に京劇役者が泊まっていて、実に派手な生活をしているのを見て、とても自分の性には合わないと思い、結局長女の家の前庭に引っ越す事にしました。

私が老人の家に行かなかった理由のもう一つは、当時結婚した相手が画描きなので、彼の仕事場も考えなければならなかったからです。中国画は日本画と同じように実に場所を取るのです。それに老人の家はきれい好きで使用人もおり、気を使わなくてはなりません。その頃の私にはとてもそんなゆとりはありません。やはり、少し無理でも自分で家賃を払い、一戸を構えた方が気が楽だし、主人も勝手に振る舞えると思ったのです。

私が馬と結婚したのは、もともと彼の芸術にひかれたからで、一人の芸術家を助ける気持ちから出た事だったのですから、なんとしても彼の為を考えるべきです。仕事先に近いと、私が帰ってから食事の支度をするのに助かります。袁老人は私の決め方に寂しそうに笑うだけでした。

初の日商展（一九五六年）が開かれてからというもの、私のところには日本のお客様が良く見えました。袁老人は私の為にほとんどの方を次から次と接待して下さり、私もそこのコックさんの上手な料理にひかれてご好意に甘んじていたのです。勿論長女もその中に加わりましたが、彼女に他の企みがあろうとは考えられもしなかったのです。私が仕事から帰ると彼女はコーヒーなどいれて持ってくるのです。国民党時代、アメリカ軍にもらったというミルクやクリームの缶などくれたり、自分のストックしている品物を私に見せ、私がコーヒーやケーキなど好きなのを知って、とても気前よく「あなたは、こんな物がお好きなんでしょ？　いくらでも持ってらっしゃい、家の人達誰も飲まないから」といって小さなタンスに一杯にあるミルクやお菓子をどんどん持って来るのでバカな私は大喜びでした。こんな親切な人がそんな意地悪な事本当にしたのかしら？　きっと相手の方もひどかったからだろうくらいに考えました。

それでも、彼女が私に、「あなたは無邪気すぎるわ。食堂を開いたりしてらしたから、もっと遣り手かと思ったけれど、つきあってみてびっくりしちゃったわ、あんまり単純なんだもの」といった時は、馬鹿にされたようで、しゃくにさわりました。すると、彼女は、

「アラ、怒ったの？　私あなたを他人と思ってないからこんな事いうのよ、本当よ。時代や時期によって言う事を合わせないと駄目なのよ。私を見てごらんなさい。自分の家族を守る為と自分の社会的地位をかちとるため、主人を土地改革という危険な仕事にも参加させたし、下の息子を海軍にも入れたのよ。私も街頭工作に参加したので今じゃこ

の西城地区委員にも、婦女会委員にも、今度又政協委員にもなれといわれてるのよ」

私はなんとなくいやな気持ちになりました。そこで、「私、とてもそんな早変わり変身術は出来ないと思うわ」と返事をすると、彼女は「正直者はバカをみるわよ」といいかえしました。

間もなく、私は自分の部屋の物がしばしばなくなるのに気づきました。或る日、姪が、「叔母様、あのY教授ご夫妻が、毎朝早く家のタドンと薪を盗みにくるのよ」といいました。

「おかしな事言うものじゃありません。お隣同士は仲よくつきあうものよ」と私は諭しました。

ところが、或る朝早く、姪が私の枕元に来て、「叔母さま、ソーッと起きて見てごらんなさい。ホラ、今盗んでいるわよ」というので、抜き足、差し足で窓まで行きカーテンをソーッと開けて見たら、大学教授様がタドンを一つ一つつまんで自分のバケツに入れているではありませんか。私はあやうく、吹きだしそうになり、姪もコロコロッと笑って声を出したので、教授は大あわてで、自分の庭の方に帰って行きました。それからが大変です。同じ空部屋にある白菜もみるみる中に減って行く、私は面倒なので、薪は一車ずつ買って台所の小庭に山積みしたままでしたが、これも日に日に減っていきました。長女と同じ日に同じ量の石炭を買ったのに彼女のは一向に減らない——、部屋のお金がなくなる、ネッカチーフ、万年筆、その頃はまだ珍しいとされていたナイロンの靴下など皆消え失せるのです。私はもうこれは、しょうがない、直らない病気を持った病人に出会ったのだと思う事にしました。

ちょうどこの頃、日本から小学校の教師だという若い女性が或る団体の一員として北京を訪れ、私のところへ訪ねて来たのです。自分はお金がなくて一団と一緒に来られず、道端でタスキをかけて通る人にカンパしてもらい、教師なのでまだその頃訪中するのには難しい事情のある中を、インド経由で入国できたのだといい、とても清純でしっかりした感じを受けました。私の部屋で話していると、例の長女がやってきて、ぜひ自分の部屋にもどうぞと誘います。私の部屋は、あいにくストーブの取り付けをしておりましたので、それではという事になり、そのお客様のオーバーとハンドバッグは私の部屋に置いたまま長女の部屋に行きお菓子やお茶などいただきながらお話しした後お帰りになりました。

しばらくすると、先程のお客様から電話がかかってきました。ハンドバッグに入れておいたお札が抜き取られているというので、ハッとしました。私は思い当たる所があり、長女の部屋に行き「さっきのお客様お金を抜き取られたんだって。銀行から受け取ったばかりの新しいお札で、番号も続いているんですってよ。ストーブ据え付けの男はあなたの家の使用人だったというけれど、彼、盗み癖があるんじゃないの?」とききますと、彼女は気もそぞろというふうです。

「あのお客様は本当にここでなくしたと、ハッキリ覚えてらっしゃるの?」

「もちろんでしょ。だから電話を掛けてきたんじゃないの、私この頃物がよく紛失するけれど、ここの家の婆やさんの手癖でも悪いんじゃないかと思って——私、派出所に届けてくるわ」

といいましたら、大慌てにあわて出し、顔色を変えていうのです。

「あ、そんな事してはいけません。私の家から出た事で面子にかかわるから、なくされた額だけ私が出しますから」

夕食もすんだ頃、お客様がお見えになりました。ところが、長女は次々御馳走を運んできます。もう食事はすみましたから、とお客様がいくらいわれてもききません。無理におすすめするのです。そして、ポケットから一束のお札を取り出し、

「私の家で生じた事ですから、私が弁償しましょう」などと、うそぶきながら中国式に裸のお札を紛失した額だけ数えあげて、机の上にポンと置きました。

彼女は私が本当に怒った事よりも派出所に行かれるのが怖かったらしい。私は私でこんな不愉快な事は早く忘れたかったので、今更派出所には行きませんでした。あとあとになり、やはりこの時行くべきだったと後悔しました。

この事があってからというもの、長女は陰で派出所に私の告げ口ばかりするようになったのです。早く手を打った方が勝ちと思ったのでしょう。

或る日私が家に帰りますと姪が、「近頃何回もお巡りさんが、家に来るのよ。叔母様の事ばかり聞いたの。本当に叔母様は人が良すぎるのよ。あの人は信用出来ない人間よ」と小さな子供がこれほどハッキリと断言し、私を批判したので、びっくりしました。

主人の馬を訪ねて湖南から画描きさんがきました。私は「戸口」（居留証明）を登記しに派出所へ行きました。さんざん待たされたあげく、そのお巡りさんは私にぶっきらぼうに「あんたが金さんかね、お宅では鶏を飼ってはいけないのに飼ってるね」というのです。私はそこで、はっと気がつきました。何日か前に、長女が、鶏を三羽持ってきて「これお父様のお誕生日まで少し肥えさせようと思うから、お宅の台所の小庭で、四、五日飼ってね」といったのです。袁老人のために使うものだし、数日ならと思って承知したのですが、十日たっても殺さなかったのです。長女が何も餌を持って来ないので馬がお米を食べさせました。まもなく長女とお巡りさんが来て「あなたの家には米のストックが沢山あるそうですね」というので、私は「今、政府はお米を節約するよう、一人少なくても日に一匁節約するようにいわれている事は私もよく知っています。しかし、そんな形式的な事よりも私は良心的にやっていれば良いと思います。下の姪はもう中学に入り、食糧の定量もふえましたけれど、今のところ足りてますからやはり小学生の分しか買ってません」と言って姪に食糧増加の証明書を持ってこさせ、「ホラ、証明書は使ってませんよ。家はギリギリ一杯にやってます。お米の袋を見て下さっても分かるでしょう」といいましたらお巡りさんは、けげんな顔をして長女を見ました。ですから、派出所でお巡りさんに鶏の事をきかれて、一瞬にすべてが分かりました。それで、私はあれは、袁さんの鶏ですと説明すると又けげんな顔で私を見ました。

しかし、彼女はもう長年の積極分子で住民区の代表人物です。派出所の方ではやはり彼女を信じているようです。何しろ口が実に上手なのです。

私はこの頃になって「この人間は相当なものだ」と思うようになりました。すると、或る日袁老人がもう絶対入らないと宣言した長女の家へいらしたのです。私には、老人の泣き笑いの表情、私を見つめたまま入らない気持ちが胸にじんときました。家が遠くなり余り老人のところへは私が行かなくなってから、さぞかし寂しい毎日だった事でしょうし、その頃、反右派運動が始まりかけていましたので、私の事がとても心配だったらしく、いたたまれなくなって、一目見にきて下さったのです。三分ほど立ったままで私をみつめそのままお帰りになりました。私はその時、なんともいえない気持ちで一杯でしたのでお見送りにも出ずそのままでお別れしたのです。ところが、これが老人との最後のお別れになろうとは……。今、思いだしても残念でなりません。

このちょっと前に私は北京を引き揚げた日商展を追って上海に行きました。反右派運動が始まりかけているのに、私は嘘をついて休暇をとり、日本のお友達ともう一度会うため上海に行ったのです。この事などみな長女は袁老人に告げたらしい、それで老人は心配したのでしょう。しかし、自分の子供でもない私に何もいう事もできなかったらしい。せめて、無事なのを一目見たかったのでしょう。二度と足を入れぬ長女の家の玄関をくぐって下さったのです。こんな事が一瞬の間に理解できました。袁老人が私を見つめてらした目つきは非常に複雑でした。ゾロリとした中国服の両脇に垂れた手が僅かに動いただけでした。三分程の短い時間でしたが、強く私の胸を打つものがありました。そして、長女の庭へは足も入れずクルリと回れ右をして出ていかれたのです。老人はどんな思いで帰られたのだろう、その中ぜひ一度ご挨拶に行かなくてはと思いながらも実行できぬまま、やがて私はこの長女の企らみによって逮捕されることになるのです。

この父娘は、あまりにも違ったタイプで私に強い影響と印象を与えた数少ない中国人として、深く私の心に残っております。

私は中国人でありながら中国を知らず、物事に対する受け取り方、考え方まで日本化していた上に、解放後は生活に追われ、家族九人を養っての無我夢中の暮らしであったため、共産党と社会主義の勉強もせず、政治的自覚は完全にゼロでした。

長女が私を利用しようとしたのもこの事を見抜いての事でした。

その頃、私は日本人のKさんという男性ととても親しくさせていただいておりました。

久し振りに日本の友人に接し、しかもやさしくされると、私はまるで有頂天でした。しかも、日本語で自由に話が出来るのです。全ての過去が一度にドッとよみがえり、私は感情の波にさらわれてしまいました。毎日のように二人で会っておりました。その方は仕事が終わると、どんなに遅くても二人の友人と私の店にきておしゃべりをして行きました。別段これという理由もなく私は渇ききった砂地が水を吸いこむようにその人達から「日本」を吸いとっていたのです。そして、ただそれだけで、疲れきった自分が慰められていたのです。まして、その方がとても親切で思いやりがあり無口なのが、私には嬉しかったのです。少しも商人らしくない品のある立居振舞いも好感が持てました。これだけの理由が二人を近づけたのです。そこを長女につけこまれてしまったのです。彼女は、実に親切に私がお客様の接待下手だという理由のもとに、色々と私の代わりに日本のお客様をもてなしてくれました。私の部屋が狭くむさくるしいといってはむりやりに自分の応接間にお連れして、やれケーキ、やれコーヒーと至れり尽くせりの応対ぶりです。自分の主人のアメリカ留学時代のアルバムを出して来ては日本の方に見せ、いかにも自分は「国際友人」を沢山持っているといいたげでした。

私は馬鹿な事にも彼女をなんと親切な人だろうと思い、そしてその屈託のない応対振りに感心しました。とうとう、彼女は大学教授のご主人まで引っ張り出して日本の方に紹介し、英会話を交えての談笑となりました。

この頃会社では仕事そっちのけで社員大会がくりひろげられました。反右派運動は益益盛んとなり、会社に一歩入るや壁という壁、しまいには、紐や針金を渡して社中一杯の「大字報」(毛筆で大きな紙に書いた社員など相互の告発材料)を掲示していましたが、私には何が何やらサッパリ意味が分かりません。ABCと次々に個人の経歴や出身を洗いあげ、その人がなにげなく言った言葉を断片的に取り上げ、反党反社会主義の言論だと長々書きたてる、また普段品行の悪い人も書きたてられ、とにかく大騒ぎです。これは、主にインテリ向けの運動で全国に及びました。

どうして仕事もしないで、こんな事で毎日をつぶしているのか私には本当に解せませんでした。

やがて、この運動は各区各胡同にまで及び、例の長女も活動しました。しかし、長女の行動はあくまでも表面的なもので、実に上手に政府側に取り入り、自分の家の社会的地位を保つためのものでした。そのくせ陰では、自分の言っている進歩的な論調とまるで反対の事をするのです。

小さな事では、胡同の婦女代表としてなすべき調解工作など全くしない。喧嘩の仲裁もしません。調解委員なんて馬鹿らしい、とすましたものです。これればかりでなく、私は塀越しに長女とその大学教授である主人が婆やに向かい大声で「バカヤロー」などとどなっているのを聞き、彼等夫婦の両面性に驚いたものです。

こんな調子でだんだん私にも彼女の本質が見えてきたのですが、今更越すにしても家など容易に見つかる時ではないので、片目をつぶる事にしました。

ところが、彼女の行動はいよいよ悪らつを極めて来ました。

或る日彼女は私に「明日、お父さまが天津に行かれるので私がお留守番に行く事になっているのよ、一人でつまらないし、あなたもお友達（日本の）を連れて遊びにいらっしゃいよ、三人だけでのんびりしましょう」といいましたので、私もおじいちゃんのところなら電話もあり、日本の方がお帰りのとき車を呼ぶのに便利だと思い、夕方その方がいらした時話しますと「そうね、あそこは暖かいから行こうか」と二人で、出向きました。

その日の長女はいつもと違い大変緊張しているので、ちょっと変だなとは思いました。私は応接間で日本の友達と、近く日商展の北京展覧期が終わり来月からは上海に移る話をしておりますと、長女がお茶を持って入って来ました。驚いた事にお茶を机の上に置くとすぐカーテンを閉めだし部屋にもキイをかけてしまったのです。

私達二人は顔を見合わせてあやうく吹き出すところでしたが、

「どうしたの？　なぜこんな事をするの？」とききますと、

「実は私この方にお願いがあるから、あなた訳してちょうだい」といいますので、どんな事かと尋ねますと、

「この方に頼んで日本からアメリカにいる私の弟に手紙をだしてほしいのです」といいました。

「それくらいの事で何もこんな大げさな事しなくもいいじゃないの？」

というと、

「ダメダメ、ぜったい秘密にしないと」

と、いつもゲラゲラ笑う人がニコッともしないのです。彼女はよほど前からプランを立てていたらしく、今度は日本の友人に直接片言混じりの英語でその弟のアメリカの住所を教え、しかも私に「その手紙には私の直筆の手紙が行かないかぎり、絶対信じるなと書いて下さるように、今までの手紙はお父様が、中国政府に無理に書かせられたもので、今後私のサインのないかぎり信じるなと、そして中国はとても暗黒で自由がないと付け加えてほしい」といいます。私も呆れてしまい、

「何いってるの？　私達結構自由じゃないの？」といいかえしていると、日本のお友達は何が何だか分からないという顔をして、「どうしたの？　彼女何を言ってるの？」と尋ねます。私はこんな事とても通訳出来ない、こんな事話したらそれこそ反動分子になる、また日本の友人に大変な迷惑になると思い笑いながら、

「彼女、今日何だかヒステリーみたい。いい加減にあしらっておきましょう」と答えました。

当時の私は常識に任せてこんな事は通訳出来ない、恥になると思っただけでしたから、派出所や公安部に密告する事など考えつかなかったばかりでなく、そうすべきだという事も知らなかったのです。もちろん、誰にもいいませんでした。その家を出て二人だけになった時彼は私に「あの人には気をつけなくちゃ駄目ですよ」と忠告しました。「アラ、どうして？　とても親切なのよ」とかばうと、「あなたは、社会経験が少なく、あまりにも無邪気過ぎる。彼女は複雑な人ですよ。とにかく、気をつけた方がいいですよ」といわれましたが、私には、一体何をどうすればいいのか少しも分かりませんでした。

日本のお友達がこういわれたからには、私のまだ知らない悪いところがあるのだろうとは思いましたが、どのように警戒すべきかは分からず、そのまま以前と同じようにつきあっていたのです。

十年以上もたってやっと日本の友人を持つ事が出来、日本語で自由自在に話をする事が私をして、目前の全てをわすれさせ、ただひたすらに、日本を恋しがらせたのです。私は中国の学校へ一日も行った事がありません。小学校から大学まで全部日本の学校でしたので、友人という友人は日本人ずくめです。中国で自分から知り合った友人といえば、この長女とその父親である袁老人くらいのものです。

ですから、日本の方達が上海へ行くという日が近づくにつれ、私はもうこれで日本の友人には会えぬだろうという哀しみと心細さで一杯となり、初めて日本へ連れて行かれた時故郷を恋い慕ったように、日本恋しさで悲しいのです。まるで母親に取り残された子供の気持ちでした。とうとう、日本のお友達は去って行きました。私は、気の抜けたボールのようでした。

家に帰りつくと大急ぎで食事の準備を終え、上海へ手紙を書いてばかりおりました。日本の友人からも返事がきました。特に一番仲良しの方からは、毎日のように手紙がきて、私達二人は前より一層親しくなり、私はこれこそプラトニックラブだと思ったものです。私の日本恋しさの複雑で熱烈な感情は、ひたすらにその方に向けられ、そのためか先方も私に深い同情を寄せて、優しい慰めの言葉を書いてきます。そうしている中に、今度は中国を引き上げ日本に帰られる日が近づき、彼から、「中国を離れる前にもう一度会いたい、送金したからぜひ上海までいらっしゃい」という手紙が来たのです。私は飛び上がるほど喜びました。ちょうど、反右派運動の最中です。会社はよほどの理由がないかぎり休みは取れません。ふだんさぼりがちな人達も恐れているようでセッセと出勤している時です。でも、私はとっさに「嘘をついてもいくんだ」と決めました。私は上海ならまだ中国の中で会える、しかし、海を渡って飛び去れば、もう二度と彼には会えないんだと思ったのです。

暮もおしせまった師走の街を私は北京駅にとびこみ、上海へ上海へと一途な心で汽車に二十時間ゆられました。懐中には「ハハキトク」という贋の電報を入れ、少しばかり後ろめたい気はしたもののもうそんな事はどうでもよかったのです。ひたすら、もう一度会わなければ一生の不覚になるという気持ちで一杯だったのです。

国際飯店で日本の友人と最後の別れをし、彼等が、街道を歩いて行く姿を十階の窓から見送っている時、私には友人だけでなく、「日本」そのものが自分から永久に離れて行くような気がして、ほんとうに窓から飛び降りようかと思いました。十階から飛び出せば羽が生えて飛べるかも知れないとさえ思ったのでした。

私の行動は、ハタ目には主人の馬がありながら身勝手なと思われるかも知れませんが、私の心の中では日本の友人に対する愛情というよりも、日本に対する感情がこみあげていたといえます。

日本と日本の友人に対する感情がこれほどまで、自分の中に染みこんでいるとは自分でも予想しませんでした。北京でのお別れは、まだ中国の土地上海に皆がいる、と未練がましさと一筋の希望が残ってましたが、今度こそもうこれっきりだと思い、その哀しさと寂しさは本当に心身にこたえました。その日の夜、汽車にゆられて私は上海にでかける時とはおよそ反対の虚ろな気持ちで戻りました。

しばらくすると、私の勤めている編訳社では、会社員を、右派、中間派、積極分子の三組に分け、私は中間分子組にいれられました。そして、だんだん皆が私と離れていきました。一番親しくしていた人さえも一緒に帰ろうとはせず、各自黙々と帰路につく。社内でうっかり話も出来ません。

社内の英文組にSさんというおばさんがいましたが、彼女は英国に留学して英国人を主人に持ち、二人の娘がおりました。若い頃は派手で、ローズ等と呼ばれて北京市内から騎馬姿で香山に行ったりして、当時の社交界で有名でした。

北京編訳社は英、米、仏、伊、独、露、日と各国の留学生を集め、筆訳を主とした会社です。当時、これらの人は大半失業しておりましたので、ここに集まった人は、皆それぞれ複雑な経歴をもっているのは言うまでもありません。これ等の人間を利用して何か社会に役立つ事をさせ、思想改造もかねようとしていたようです。しかし、周総理の発案したこの会社も反右派運動によってメチャメチャにこわされる事になるのです。

Sさんの言論も今から思えば大変大胆で自由だったので、右派の槍玉にあげられて、中間派を除く他は皆で、連日彼女を囲んで会を開きました。彼女の「大字報」（主張内容を大きな紙に毛筆で書いたもの）が、会社に張られた時、私は見にいきました。「共産党はDEEP　SEAみたい」とか「人民との間に鉄の幕がある」と書いてあるのを見て私はびっくりし、面白くも感じました。このような事は皆右派言論としてその頃の「新報」に毎日のように書かれていたし、ふだん黒のチーパオ（中国服）にちょっと口紅までさしたりして会社に来ていた彼女がこんな事を平然といっていたのかと吹き出したくなります。けれど、これがまた大変な事になりました。或る日、仲良しの一人が、そっというのに、「大変な事になったよ。Sさんが、会場で編訳社では誰が一番良いと思うかときかれて、金さんが一番良いと返事をしてましたよ。どこがいいかといわれて、彼女は率直で無邪気なのがいいと答えたら、君達二人は同類項だからなといわれたんですよ」と早口に告げました。そのあとで、「きみ、気をつけた方がいいよ」というのです。私にはいったい何を気をつければ良いのかさっぱりわかりません。

ところが、或る日とつぜん私の会になりました。私の時は全社員でなく、日文組が二組合併しての会です。その会場で組長のEさんが、「あなたは日本人が一番大事で、食堂を開いている時も日本人にペコペコしていたんだろ?」ときたので、カッとなり、「それは、あんた自分の事でしょう、私はそんな事一度もした事ない。それともあんた見たというの?」とやり返しました。批判される人はどんな事をいわれても平身低頭してきくのが決まりでしたが、私にはとてもそんな馬鹿気た忍耐力はありません。二人でやりあっていると社長がスーッと入ってきたのです。なんと、彼は隣の部屋できいていたのです。私は、呆れてものがいえない。彼は私に「どうかね金さん、何かいう事あるかね?」というので私は「何もない」とぶっきらぼうに答えてもう何もいいませんでした。

思ったより簡単に私の会は一日で終わりとなりました。その頃、何かといえば、「階級闘争」と来てましたので、私のようにかつての王族出身では何をいっても無駄な訳で、いつも白眼視されてました。社長はもちろんの事です。いくら近付いたところで一定の隔たりを経ての接触です。「ひざ突き合わせての語りあい」などと、いかにももっともらしい事をいって会合がひらかれましたが、一九五七年頃の中国では本当の事を話したら、とんでもない事が待っていたのです。

あの頃の中国は嘘が上手な人ほど出世するというわけです。私はほんのききかじりの共産主義しか知りません。それでも、「共産主義はこんなものではない筈、やはり資産階級出の人間はいくら祖国を愛しても、いくら国家建設のために働いても信用されず、とどのつまりは葬られてしまうのだろうか？　本当の事をいえと誘いながら、いざ本当の事をいうと打ち倒されて投獄となる――これは一体どういう事だろうと、どうどう巡りに考えてばかりいました。もちろん、こんな考えを口には、だしませんでしたが、「このままで、すむ筈はない」と思っていました。少なくとも嘘でかためられた社会が是であるか、非であるかくらい国民に判断出来ない筈がありません。

私の学生時代の日本では学生が国家の事を論じたりする事は、特に女学生には全くないといっても過言ではありませんでした。文字通り「よく学び、よく遊べ」でした。

ところが、戦争が始まると、日本は挙国一致という事になり、社会はカーキ色一色にぬりつぶされました。軍人は、陸、海、空を問わずいっせいに持ちあげられ、女の子は軍人、ことにロマンティックな海軍などと結婚する事を無上の光栄と思い、男の子は幼年学校にでも入ろうものなら、誇りに感じたのです。その頃から私は、軍人が大嫌いになりました。馬鹿でも軍服を着るとひと一倍偉くなったような不自然ないばり方をし、歩き方までかわってしまうのを見て私は「いやな世の中になったものだ」と思ったものです。感情的にうけいれられませんでした。

北京の街でも、日本軍人がカフェーの女給を殺し、しかも、日本刀で首をはねたという事件や、善良な市民を追い回しての殺人事件などが続出しました。その頃北京の東城地区は日本人街でしたので、私どもの家では「東城」に行く人はおりません。私は一度だけ日本の友人に呼ばれて兄に連れられて「東城」の日本料理屋に行った事がありますが、車の中から見たその周辺は、ほとんど日本人の店で占められており、カフェー、料理屋と軒並みに続いておりました。

日本時代、国民党時代、共産党この三つの時代のなかで、私にとり最も変動の大きかったのは、解放後であったのは申すまでもありません。私は共産党に対しては少しも反感を持たず、むしろ歓迎する気持ちの方が強かったのです。

日本時代に当時大学生であった兄の学友からマルクス主義とはどういうものであるかを聞いた事があり、私は先ず何よりも共産党は男女平等であり、皆同じように働いて、貧乏人をなくし、しまいには国家の隔たりもなくなり、世界大同となる。そして、人類と大自然の闘争になるのだという事が非常に気に入り、強く印象に残っていたので、その頃の私は共産党に関するデマは一つも信じませんでした。

しかし、何といっても一番悩み恐れたのは、中と中上の資産家達です。果たして自分は、資産階級に属するかどうか心配だったわけです。北京の「大」に属する資産家は国民党と何らかの関係で結ばれているので、先を争って飛行機の切符をあらゆる方法で手に入れ、せっかく、接収した不動産も捨てて香港または台湾へと逃げて行きました。中には飛行機一台を借り切って犬まで連れ去った人もおりました。私の親戚にもそういうのがおり、皆いつのまにか北京から消えさっていたのです。私にはどうして彼等がこれほどまで共産党を恐れるのかが分かりませんでした。

北京解放後間もなく長兄は香港に行ってしまい、一年後には、子供達と私を迎えるといったのに、長い間ビタ一文も送ってきませんでした。このままでは、生活できません。長年家に仕えている婆やは私一人のため毎度ご飯のお茶碗一杯のお米を蒸して、「お姫様はこの家の大黒柱ですから」というのですが、私は子供達が皆おいもを食べているのを見て、このご飯が美味しいはずがありません。

それで、考えて食堂を開いた訳です。こんな状態なのですから、私は、反右派運動の時も少しも自分が、反党反社会分子であるなどとは思いませんでした。少しも悪びれた気はありませんでした。

編訳社で生活の困難な人は手当てがもらえましたが、私は直系家族を扶養しているのではないという理由で一文ももらえませんでした。私は、初めから分かってましたし、別にあてにもしませんでした。不平もいった事はありませんし、「中間分子」にいれられた時も当然だくらいに考えていたのです。それが、ついに私の会となる頃から孤立させられだしたのです。私は悲しいより寂しい思いで一杯でした。

運動の嵐はいよいよ激しくなって行きました。とうとう忘れもしない一九五八年二月一日の晩、私は逮捕されました。忘れもしないその日は土曜日でした。

第九章　逮捕の夜

虫の知らせというか、その日私は社の人にダンスに誘われました。これは土曜ごと無理矢理にいつも強いられる事でしたが、私はその日どうしても行く気にならず、久し振りに姪達と一緒に土曜日の晩を過ごしたかったのです。家に帰りましたが、私に日本語を習っていた学生が来てました。皆で夕食をすませてからハーモニカを吹いたりダンスをしたりしていたのですが、私は何ともいえないそれこそわびしく、はかない気持ちで一杯でした。いつもなら私は子供達の気を引き立てるため、先にたって遊んで上げるのですが、その日はどうしても気が重くてしようがないのです。

私は、傍らの一番下の姪に「叔母さんは、（子供達は私の事をダディとよんでました）本当に楽しんでいるのだと思う？」

と、聞きましたところまだ十二歳の姪が驚いた事にこう答えたのです。

「表面は嬉しそう、心の中では、悲しんでいるみたい」

私はびっくりすると同時にこれではいけないと思いました。私は家の中を出来るだけ明るく朗らかにするようにいつも努めておりましたが、やはり自分の沈んだ心が表面にでていたのです。それで私は、「さあ、ダンスをしましょう」と立ちあがってその学生にハーモニカで「青きドナウ」を吹かせ踊りだしたのです。

その時です。いきなりドヤドヤと法警が、入ってきたのは。（中国では人を逮捕する時は法院から警察が来、これは一般のおまわりさんと違います。民警は普通二通りに分かれ、一つは交通民警、一つは戸口民警です。今はまた武警という組織が出来、これは国境防衛に当たります）

私は、何事かと思って「どんな用ですか」とききました。彼等は次から次へと十人近く入ってきたようですが、出たり入ったりするのではっきり分かりません。その中の一人が私に、

「そこに立ってよくききなさい」

といって、一枚の紙をひろげ、何か読みあげたあと、

「あなたに逮捕命令が出ました」

と宣言したとたん、もう一人の法警は私がストーブにかざしていた腕に、実にすす早く見事にピカピカ光ったきれいな「腕輪」をカチン、ピシッとかけてしまいました。子供達と学生はポカーンとして見ておりましたが、私は別に何も感じません。

「ハハアーン、これが手錠というものだな」と思っていたら、「そこにすわりなさい」というので、ソファに座りました。すると他の人達は家宅捜査をはじめました。室内のあらゆる電気をつけ、全てのタンス、引き出しなどを開けて使いふるした電池やら、その頃まだ珍しいトランジスター・ラジオなど、写真は大きな木箱一杯でしたが、それ等全部を衣類や靴の上に山ほどもつみあげてます。私は何もかくし物や違法の物もないので、平然と彼等のする事を見てましたが、急に自分だけ座って眼のまえに二、三人直立不動の姿勢で立っているのに気がつき思わず、

「あなたがたも何卒お座り下さい」

といいましたけど、彼等はフンともいいません。その時私は、おそまきながら気がつきました。

「もう自分はこの家の主人ではない」のだと。彼等は任務を果たしているのであって、家に来たお客様じゃないんだとも自覚したわけです。

しばらくすると、馬が、散歩から帰って来ました。法警達が話しかけても顔をしかめるだけで、答えようともしません。彼の物と子供の物は一々きいて検査しません。面白い事に法警が馬と向かいあって何かきく時、彼はスーッと顔を反対側にそむけてしまう、法警がその方に回って又話しかけると彼は又もスーッとそっぽを向いてしまい、とうとう法警はあきらめて何も聞かなくなりました。彼はストーブの前で一生懸命火をかきた

てるだけでした。

私も黙ってこれ等の様子をみるだけでしたが、フト誰か何処からか自分を見ている感じがしたので、正面を見ると、なんと普通の服を着た口髭のある人が一冊の日本の書物で自分の顔をかくし眼だけ本の上から覗かせて私の様子を見ているのです。本当にもう少しで「アラ、いやだ」というところでしたが、そこをグンととらえて、私は大まじめな顔をして見返してやりました。なかなかハンサムな男です。持っていた本はよく見たら、毎日新聞社の記者橘善守さんの中国訪問に関する著作でした。しかも、その中には私宛のサインが入っておりました。

しばらくすると一人の法警が男女二人の住民を連れてきました。バカみたいなオッサンと一見して家庭の主婦とわかるおばさんです。そして、私を呼ぶと紙片を出して「そこに検査に対する意見があれば書き、なければなしと書いてサインをしなさい」というので、意見があってもチンプンカンプンになってしまうに決まっているから「なし」と書いてサインをすると、何もいわずに立っている二人に証人としてのサインを頼みましたので、初めて私はこの二人は、居留民委員会の委員だと分かりました。

彼等はサインがすむと早々に引き上げて行きました。可笑しい事に、隣家の長女は顔を出しません。彼女の庭の方を見ると真っ暗で電気もついていないのです。お人好しの私はそれでもピンときませんでしたが、いまごろになって私の逮捕の日に、彼女が家を真っ暗にしてそしらぬふりをしていたことの意味を思い知るのです。私は時代の波と、その時代を巧みに利用した女の浅知恵のおかげで人生の後半を台なしにさせられたといっても過言ではないでしょう。こわいのは時代と女です。手錠をはめられ、逮捕だと宣言された時、間抜けの私は「これは、何かの間違いではありませんか？」ときいたのです。すると、「話があるなら、法廷へ行ってから話しなさい」といわれました。映画でみた法廷の様子が浮かび、こんな恰好じゃ余りにも不謹慎だとさえ思った私はスリッパを履き替え、着ている派手な毛皮のチョッキを脱がせて欲しいといいました。靴は姪に持ってこさせ、履き替えも彼女にさせましたが、チョッキを脱ぐのには、手錠をはずさなくてはならないので、一旦はめたものをはずすなど、大それた望みはききいれられません。ヘヤピンをはずしブラシをかけてそのままにしていた髪はパサッとゆれるままで、ピンで止める事も許されませんでした。

サインがすむと法警は姪に向かい、「この人の洗面道具とお布団、毛布、湯のみを持ってきてあげなさい」といいました。私は二、三日で事がハッキリし帰れるくらいにしか考えてませんので、お布団一枚と簡単な洗面道具で良いといったのですが、法警は、家の真綿の薄いお布団を見て「なかは、寒いからこれじゃ駄目だ。毛布と敷布団も持ちなさい」という。私は寒さときいて怖くなりました。

私は寒がりなので、逮捕された時よりびっくりしたのです。それで、お布団二枚と毛布という事になったのですが敷布団など家にはありません。みなベッド用の厚いマットと日本式のあの厚い大きなものです。こんな物持てないので、「要らないわ」と姪にいうと、法警に「車に乗れ」といわれました。

玄関に出て見ると、なんと黒い高級乗用車が左右に二台ずつ計四台、ジープが二台並んでいます。私の乗る車も上等で、女警が一人車内で待ってました。他の車はすぐ闇に消えて行きました。乗る前に裏つきのオーバーをひっかけてくれましたが、車の扉を閉めようとしている法警を呼びとめる声がしました。みると、姪が走り出して来て、私に彼女自身の綿入れの中国式の上着とヘヤピン四本を渡してくれるではありませんか。この時ほど私はこのわずか十四歳の姪を可愛いと思った事はありません。普段でも姉や兄、妹よりはしっかりしており、学校の成績もいつも上々でした。私は内心この子に大きな期待をかけておりましたが、この時も彼女は泣いたり騒いだりせず落ち着いて自分の物はちゃんと自分のだと法警に告げておりました。上の二人はそれぞれ寄宿舎と自分の家に行ってましたので、この時は下の妹と彼女、そして私の姉の息子になる七歳の男の子だけでした。

やがて、車はすべるように暗黒の北京街を走り、私の経営していた食堂に着きました。ここでは私を降ろさず法警だけ入って行き、私の物がないのを確かめるとすぐ出てきました。大分走ってから狭い胡同に入り、突き当たりの大門近くで短く「ディディー」とラッパを微かに鳴らしたかと思うと大門は音もなくスーッと開きました。大門に入ると又門があり、やがて低い平屋のドアの前に横づけとなり降ろされました。中に入ると女警がわたしをもう一つの小さな部屋に連れて行きました。法警の一人は私の荷物の登記をしていたようです。小さな部屋に入ると彼女は、私の身体検査をしました。時計をとりあげ、ヘヤピンも持ち込み禁止。靴の中まで見たあと、自分でお布団を抱えてついて来るようにいいました。もちろん、手錠は部屋に入ると同時に外してくれました。

私はとんでもない事だと思い、「こんな重い物持てません」という顔をして持ちません。仕方ないので、看守人のようなのが一人来て持ってくれたのですが、サッサと先に行ってしまうのです。まだ十何歳かにしか見えない兵隊が「こっちへ来い」と剣付き鉄砲で私を真っ暗な庭に連れだし、「前に向かって歩け」というのです。私は何も見えない馴れない広い庭を手探りで一歩一歩歩いて行きました。少し行くと突き当たりに建物があり、兵隊は「左にまがれ」というので、曲がると階段があり、あやうくつまずくところだったのに「早く歩け！」と後からどなる。もういよいよ堪忍袋の緒が切れて私は、いきなり後をふりむくと大声でいいました。

「こんな暗いところ、何が早く歩けだ！　先に立って案内したらどうですかっ！」

「何いってるんだ！　早く歩け！」

と彼がいった時、私は止まってしまいました。無言の反抗をしたわけです。チビ兵は困ってしまい、分かりにくい方言で、「階段は四つだ」といったので、「初めから教えてくれればいいじゃないの」と、手探りで「一、二、三、四」と数えながら、やっと四つの階段を上がり終えて、見るとそこは一棟の横に長い建物の縦の通路でした。約十メートルほどあり天井に裸電球が高くぶら下がっていて看守人がまるで、死人のように一つの椅子に座っておりました。

どんどん奥へ入り突き当たったドアのところで、「止まれ！」と声がかかり、私が当たり前じゃないの、もうこれ以上行けないじゃないかと思って、横をむいた時、スーッと一言もなく看守人が現れたのには驚きました。彼は大きな音をたてて、鉄の扉を開けました。ガラガラガッタン！　その音は長いうす暗い高い天井に響き渡りました。「入れ」と命令されました。中は廊下よりはやや明るく部屋の半分は中国式のオンドルで（もちろん、火の通らない）その上はアンペラが一枚、ちゃぶだいが一つだけ。部屋の隅に鉄の長筒型の桶が一つ。たったそれだけの道具しかおかれていない部屋はまことに変な感じです。私は自分の「荷物」がオンドルの壁よりに置かれてあるのを見てさっさと近付き、タオルでオンドルのほこりを払って寝る支度を始めた時、前にも増して大きな音をたててドアが閉まり鍵が掛かりました。

私は急にねむけが襲って来てもう何を考える事も出来ないほどになり、寒いなあと思いながら寝こんでしまいました。

どれくらいたったのか、急に、ドアの開く音がして、私は弾かれたようにとび起きました。

「提訊」(訊問)、看守人がこういった時、私は、もう靴の紐を結んでいました。ドアを出ると又例のチビ兵が剣付き鉄砲で待っており、こんどは少し慣れた道を出たり入ったりして、右、左、と曲がりながら、広い部屋に入りました。見ると、正面に大きな机があり、部屋の真ん中にストーブが勢いよく燃えていました。その傍らに座らされました。左奥には、二人の若者が机二つに向かっております。正面の人物をよく見ると、それは、私の家で書物越しに私を見つめていたハンサムさんでした。彼は、ごく自然に氏名や年齢をきいたあと、「自分の経歴を話してごらんなさい」といいました。

私がありのままにいいますと、今度は、「あなたの国外に逃げた兄さんとの関係をいいなさい」というので、私は事の次第が読めてきました。そこで、澱みなく、はてしなくしゃべってやろうと思い立ちました。

「彼は元来、秘密主義の人間で詳しい事は私にも分かりません。私には、貿易団に加わって香港に商売をしに行くとしかいいませんでした。又この手続きは国民党時代からしていたもので、その許可が解放後間もなく下りたのです。兄嫁は日本時代に実家の父が危篤との電報を受け取り、それが終戦の時でしたから、引き揚げの日本人と一緒に日本に帰りました。故郷が広島ですから、その後全く消息は知れず、今はどこにいるのかさ

え分かりません」と。とうとう、彼は、

「もうよろしい。獄舎にもどってから、話した事を書きなさい。ペンと紙は看守人にもらいなさい」といって、終わりました。奥の二人は、筆記をしておりました。

私は、書くにしても明日だと思い、少しは慣れてきた夜道を引き返し、さっさと寝てしまいました。

翌朝、まだ寝ているのにドアを叩き「起床だ」というのですが、私は独房なので、知らん顔して毛布とオーバーにくるまっておりました。しばらくすると、廊下に何か重い物を置いたような音がして、続いて入り口の方からドアをあける音、閉める音が交互に伝わってきました。耳を澄ましているとその音は隣の部屋まできました。私は起き上がり、下におりました。すると、戸が開いて「飯を取りに行け」というのです。

「どこへ取りに行くの？」

ときくと、

「できたら分かる。あそこに茶碗二つと箸があるから、それを持って炊事員の前に行けばよろしい」といわれました。一晩熟睡した私は、すごく空腹でしたから、大急ぎで白い前掛けを掛けた若い炊事員のところへ行くと、その横に大きな木の桶が二つおいてあり、一つには吸い物、一つには「窩頭」（トウモロコシの粉をねって塔のような形にして、底に穴を開けて蒸したもの）が入ってました。お茶碗に杓子で、八分ほど茶色のおつゆを入れてくれましたが、ただ黄色くなった白菜の葉が二、三枚浮いているだけでした。「窩頭」は、欲しいだけとれるものと思い腰を曲げて取ろうとしたとたん、「二つだけだ」といわれました。子供のにぎりこぶし程のをたった二つ――。私はがっかりしましたが、仕方ありません。看守人がせかす声に半走りで自分の房に帰り、温かいスープと「窩頭」を一口食べたところ「ゲエーッ」とあやうくそのおつゆを吐き出すところでした。あまりにも、塩辛かったからです。二、三枚の菜が浮いているおつゆは、まるで、お湯に塩を一摑み投げこんだようなものでした。私は、これは、役人達がたべたお茶碗を洗ったお湯かもしれない。囚人はこんな物を食べなくてはならないのかしらなどと思いながら、二つの「窩頭」はすぐペロリと平らげてしまい、半分もおなかが満ちないので、覗き窓から大声で「まだおなか一杯にならないからもう二つちょうだい」というと、看守人は、目玉をぎょろつかせて、「定量だ」というのです。がっかりしてオンドルの上にあがってしみじみ部屋中を見廻しました。壁には小さな紙片がはりつけてあり、「監規」(監獄の規則)と書かれて八項目が記されていました。別に気にもとめず、窓を見ると鉄棒がはめてあり、大きさは普通の窓とたいして違わないのに、とても暗いのです。窓辺によって見たら、私の部屋は廊下の一番奥で庭の両脇の建物の壁に窓がさえぎられているのです。建物は天井が高いので、窓の上のほんの一尺四方の空間から空が見えるだけで、いくら首を横に曲げても庭の中は見えません。猿のように鉄棒にしが

みついて、一生懸命覗いている時、

「何しているんだ！」と声がしたのでどきんと心臓が止まるほどびっくりしました。

「おとなしく、自分の事を書け」

と看守人が戸をあけて、ペンとちょっぴりしか入ってないインキ壺と白い粗末な紙を四、五枚くれました。私は大急ぎで書き上げ、寒いので又も毛布にくるまって横になり、「これが、すなわち鉄窓だな」と思っている中に寝込んでしまいました。どうしてか、私はすごくほっとした気になり、ただ眠たかったのです。どのくらいたったのか、私にも分かりませんが、とつぜん、また、戸が開き、看守人が入ってきました。驚いて座りなおすと彼は直立不動の姿勢のまま、いとも厳かに「昼間は寝てはいけない、ちゃんと座って自分の事を反省して、自分の犯した罪を承認し、その犯罪の原因をよく考えてそれを書いて提出すべきだ――」と教訓めいた事をいってでて行きました。私は「囚人」である自分が座っていて看守人が「気を付け」の姿勢で立って話すのが、とてもおかしくてなりませんでした。

私にいったい何を反省しろというのでしょう。私はいったいどんな理由で逮捕されねばならなかったのでしょう。こう考えて頭をかかえると、袁老人の長女の顔がちらちら浮かんでは消えました。

ところで、それっきり私はおいてきぼりにされたのです。看守も法警も私の所にやってきません。毎日一人で二度の食事（朝と晩だけ、昼食は抜き）の他トイレが二度で、これはたとい行きたくなくても行かなくてはなりませんでした。

ガランとした約十二、三平方メートルの独房の中でする事はありません。一週間ほど、私は看守人がどういおうと、昼間もグウグウ寝て過ごしましたが、やっと疲れが取れると、家に残して来た姪や姉の小さな男の子の事が心配でたまらなくなり、彼女等の事を思う度、心臓がグッと喉まで突き上げて来たかと思うほどでした。

それでも、私はすぐ帰されるものと思っており、忘れないように紙切れに逮捕された二月一日から、毎日しるしをつけて、もう一週間たった、また一週間すぎたと帰される日ばかり待っておりました。たった一度呼ばれただけで反省しろといっても無理です。反省する事は何もないので私は毎日部屋の中をグルグルおりの中の熊のように歩き回りました。

一カ月過ぎてもうんともすんとも音沙汰はありません。毎日オンドルの片一方の端に座って向かいの白壁を眺めました。一尺四方の青空から部屋に微かに射し込む日差しが、ちょうど白壁の斜め半分に来た時、ドスンと大きな木桶を置く音が一棟全体に響く、とたんに今まで静まりかえっていた長い廊下の両側の囚人部屋の空気が揺れ出すのでした。看守人が、順番に戸を開けては閉める音が続きます。その度に廊下をこする足音が聞こえ、スープをすくう大きな銅製の杓子の音も聞こえてくる。三十幾つもの部屋が実に早く終わり、間もなく又音をたてて扉は開いたり閉まったりします。これはお湯の分配でした。日に二回この繰り返しですが夕食が一番待ち遠しい思いでした。する事もなく座ったきりなのに、もの凄くおなかが空くし、一日が又となく長く思えました。天気のいい日は「放風」といって三十分ほど裏の細長い狭い庭に出されて歩き回らされる。この時も隣の音が聞こえ出したら準備をして待つわけで、実に早く進みます。

或る日、とつぜん戸が開いて女の看守人が入ってくるなり「お風呂」といってせきたてました。タオルを摑んで、ついて行くと曲がり曲がった先に、小さなドアがあり入ると、地面にアンペラ一枚敷いた小部屋でした。

「ここで、服を脱いで奥のガラス戸の中で洗いなさい。全部で十分間」

といわれ、私は呆れましたが、お風呂にはなんとしても入らなくちゃと思い、大急ぎで服を脱ぎ始めたのですが、看守人は出て行かず傍らに立って見ているのです。私はあきらめて、必死で手早く服を脱ぎガラス戸を開けました。

この頃から私は色々とない知恵をしぼらなくてはと気がついたのです。私はヘヤブラシがないのでほしかったのですが、ブラシも櫛も持ち込み禁止だというのです。パーマの頭はくしゃくしゃです。そこで、暇にあかせて、歯ブラシで、一つまみ一つまみ髪の毛をわけてときました。結構きれいにとけるのです。あとで、石鹼でブラシを洗うのですが、間もなく石鹼もなくなりました。看守人にいうと、真っ黒な四角い物をくれました。何かとみたら驚いた事にこれが石鹸なのです。それでも無いよりはましと思って使ってみると思いの他役に立つので又驚きました。四日ほどたって肌着がやっと乾きました。黒石鹸で私は次々と服を洗いましたが、時間つぶしになり、自己慰安でした。

或る日、あまり寒いので実際に行って隙間からの風を試してみようとしたところ、何か隙間に詰めてあるのが分かり、私はそれをもっと深く詰めてやろうと思ってペン先で突いたら、それがペン先にはさまって出てきてしまいました。よく見ると紙こよりなのです。それも字をかいた紙です。そろりそろりとそのこよりを開けてみたら、前にこの部屋にいた人が書いたものでした。好奇心にかられ窓の隙間にあるこよりを次々と交代して読んでは又ゆるく巻いて隙間に押し込みました。幸せな事にこよりは、男の人が作ったのかとても固くひねられていて、ゆるく巻き直すと数が増えて、今まで詰めてなかった隙間も詰める事が出来、私はその人に感謝したものです。

その人は、香港帰りの人でスパイと疑われて捕まったものらしく、自分が何のために帰ってきたか、帰ってからどんな人とどこで、何のために会ったかを聞かれたなどと書いてあり、私はその時初めて香港帰りの人は皆私服につけねらわれているのだと分かりました。いわゆる「囚人」とは、こんな人達までをいうのかと不思議でなりませんでした。

つまり、これを見ていると疑問に思う人は皆逮捕しても良い事になる。自分もこの類に属するのだろう。それなら、疑惑が晴れたら帰されるに決まっている。自分を二度と呼び出さないのは間違いと分かったからだろうと、お人好しの私はすべてよい方向に解釈しつづけました。そしてきっと今頃釈放の手続きで手間取っているんだと思って今日か明日かと帰る日をまちわびました。

待てど暮らせど帰れそうもない——数えて見るとふた月になりました。私は、急にしゃくにさわり出し目の前の紙をひったくりいきなり「申請」と大きく書いて下に「審問員同志、あなたは、監獄の大門はいつも開かれている、出るも入るも本人次第だといわれたではありませんか、それなら私を家に帰して下さい」と書いて大声で「報告！　報告！」と怒鳴りました。看守人が大急ぎで来ました。

「これ、審問員に渡して」と紙切れを横一文字の小窓から差し出すと、

「これからあんな大声をだすんじゃない」と私を叱りました。そして一分もしない中に戻ってきて、

「誰がお前の同志だ、審問員とだけ書けば良い」といいました。その時点で、私はやっと自分も「囚人」になってしまったのだと気がついたのです。もちろん、私の申請など問題にされませんでした。又一ヵ月程たちもう春です。外の細長い庭にはところどころ青い小さな草が芽生え、空気もかわりました。私は監獄に入ってから空気にとても敏感になり、嗅覚がとても発達してきたような気がしました。聴覚も鋭くなり、看守人が抜

き足差し足で覗きに来るのがぴんと分かるのです。布靴で忍んで来るから音がしない筈なのにやはり澱んだ空気が破られ人息まで感じられるのです。看守人が覗きに来る時はいつも私もその横一文字の小窓をにらみつけてやりますので、彼はすぐ引き上げて行く、しかし一分もしない中に又来る、これは、私が油断しているだろうと思うからでしょうが、こっちは何でも聞こえるので「また、戻って来たな」とすぐ分かり又にらむ。こんな眼のかくれんぼうを二十分近くもした事がありました。

それから、二、三日たった或る日、とつぜん、

「荷物をかたづけろ」といわれました。私はとっさに、

「家へ帰れるんだ！」と思うと三分もかからないで準備が出来ました。外に出て長い廊下を入り口のところまで小走りに行き、あわや入り口から出ようとした時、

「まっすぐ、歩け」といわれてスゴスゴと、ちょうど反対の廊下を歩いて行きました。

「止まれ」といわれて開けられた戸の中を見ると、アンペラのオンドルの上に、まるで田舎の花嫁さんの持ち物のような派手な花模様のシーツが敷かれ、両側の壁よりに一人ずつ若い女の子が座ってました。私を見るときれいな方の女の子が、立ち上がって荷物を受けとってくれ、二人の真ん中に席を作ってくれました。つまり私は女囚房に移されたのです。私は前の部屋で、退屈紛れに小窓から覗いていた事があって、この二人の女の子をみた事がありました。

ところが、二人は一言も物をいわない、もう一人の方は、眼を泣きはらしている、私が何をきいても二人とも物もいわず、ただ向かい側のドアを口で指すだけで凄く緊張しているのです。

三日目になって、やっと美人の方のEさんが小さな声で私に「向かい側の部屋の外に兵隊が立っていて、私達は監視されている」というのです。私が「監視されているのは、独房だけよ」と教えてやりますと、やっと安心したらしく、それからは話すようになりました。

もう一人の泣いてばかりいる人は、Uさんといってやはり二十歳前後の人です。Uさんが小さな声で、「私殺人犯よ」といったので、びっくりしました。

彼女の話によると、彼女は、石油学院を卒業してボーイフレンドと共に克拉馬依油田へ分配される事になってましたが、この時、反右派運動が始まって、彼女の父親が日本時代に満州で小さな駅の駅長だったのを理由に、事ある毎に糾弾されたとのことでした。反右派運動の時、彼女が父親の事を大会で「不公平だ」といったのがたたり、青年団員達にやっつけられてついに監視される身となったのだそうです。夜になると、ドアにキイをかけられ、トイレに行く時も一々その監視人を起こしてついていってもらわなければならなかったといいます。

或る晩、彼女はトイレに行きたくなって、その人を何度も呼んだのですが熟睡しているので監視人のベッドに行って揺すったところ、その人はびっくりしたのか、とんでもない大声を出したのです。隣の部屋の人達が皆起きてしまいました。すると、この監視人は皆に、「Uさんが私をしめ殺そうとした」と言い出し、翌日Uさんは「殺人未遂」として監獄に送られたのだそうです。しかも入獄以来毎日のように、「殺人を意図した前後の考え」を「告白」しろと強いられ、殺人当時の図面まで書かせられたというのです。私が、「ありもしない事なぜ認めたの?」と聞くと、「罪を認めないと一生出られないわ。相手は団員なのよ。私の方でいくらいっても、信じるのは先方の方だけだわ。父は、日本人の下で仕事をしていたし、どうすることも出来ないの」とまたさめざめと泣きました。

Eさんの方は天主教信者で、あくまでも信仰を批判しなかったため逮捕されて来たのです。彼女はまだ二十一歳でした。しかし、彼女は態度が良いのか、それとも若いからか差し入れが許されてました。監獄の中ではたとえ同じ部屋でも互いに物の遣り取りは、厳禁されてます。一ヵ月に一度、彼女には色々な食べ物が差し入れられてきます。私とUさんは、彼女が食べるのを見ているのです。

女三人同室の日は余り長く続かず、間もなく私はもう一つの庭に移されました。ここは前のところから相当離れたところで、真っ四角な庭で四方とも部屋があり、入り口の一方は看守人部屋とトイレです。あとの三方は皆獄舎で、私はその一つに入れられました。部屋は、前のところよりずっと小さいのです。四人が座ってポカンと私の入るのを見てましたが、その中の一人が席を作ってくれました。

もう、季節は初夏になっていましたので、狭い部屋に五人も詰められると本当に、暑さと人いきれで息も出来ません。ここでは新聞が与えられたので、私は大喜びしました。

毎日一人が代表して新聞を読むのです。誰も読もうとしないので私はその役を引き受けました。二、三日して私にその理由が分かりました。皆空腹で、気力が無いのです。一九五八年といえば中国はちょうど三年続いての大旱魃で、食糧飢饉の最中でしたが、私は二月に逮捕されてきたので、まだそれほど感じておりませんでした。夏に入ってからさらに酷くなったのか監獄の中では前よりズーッと小さい「窩頭」二つと実のない塩辛いスープしか貰えません。

でも働くような事もありませんので、身体の調子もだんだん順応して、それほど苦痛に感じません。私はあいかわらず元気なものでした。他の人は、朝のうちはまだ良いが昼食のないひる時になるともうグッタリして話す元気もなくなり、それぞれ巻きあげた自分のお布団にもたれているのですが新聞を聞いている人なんかありません。

この部屋の人はほとんど天主教の尼さん（シスター）で、ただ一人クリスチャンの大学生、それも昔の燕京大学の英文科の学生がおりました。尼三人の中の一人は凄く眼の澄んだ人で、その人は、「運動」の時間でも口を動かしていました。よく聞いていると

「今日は、マリア様の〇〇の日だ」と信仰に関する事ばかり。あとの二人も同じ尼で一人は輔仁大学を出た中学の教員、もう一人は看護婦さんでした。燕京大学卒の秀才は父が有名な宣教師、この三人は、教会勤めの澄んだ眼の持ち主を尊敬してました。私もこの人が尼さんの服を着ている時はさぞきれいだったろうと思ったものです。大学生はちょうど、審問されている最中で七日七晩通して審判官と聖書について論じあったとかで、もう顔面神経痛にかかっており、何かいうと白眼になりしかも吊り上がってしまう。かすれ声で話す事もしどろもどろで、この人は誰よりもひもじがりました。

彼女は食事のとき、見栄も外聞もなく寝台から下りて余り塩からいので誰も飲まないおつゆの中からお箸でその小さなタライの中にわずかに沈んでいる菜っ葉をすくいだそうとするのですが、おつゆばかり多くて四、五枚の黄色い菜っ葉はなかなかはさみ出せない。私は、見るに見兼ねて跳びおり、おつゆをみんな小便桶に流し、底に沈んでいる菜っ葉を彼女のお碗に入れてあげました。その時隣の尼さんが「私は、あなたがなんて酷い事をするのだろうと思いましたが、あなたは、本当は良い人ですね」といいました。

私はもともと無神論者なので、彼女等の狂信ぶりを哀れに思い、何度も「あなたは、全て神から与えられたものと信じているけど、現在こんなにひもじいのに神様はどうして、食べ物をあなたに与えないの？」とか、

「ひもじさの試練は耐えられないのに、審判官と信仰理論を論じたってバカにされるだけじゃないの」などといいました。審判官は、彼女等に無神を説きその信仰を批判するように強いるのに彼女は批判しないと繰り返しているのです。その中どうしたものか、彼女の審判官が私を呼びました。私に彼女を「幇助」（手伝え）というのです。私は内心共産党は、信仰自由といっているのに、無理強いに信仰を捨てろとはおかしいと、思っていたのですが、もちろん口には出しません。

　私は、彼女は大学を出て神学校に行ったにしては幼稚すぎる、何も出来ない人ですというと審判官は「部屋に帰って皆で説ききかせてあげなさい」といって帰してくれました。しかし彼女は批判するしないを繰り返すばかりで、他の尼達に軽蔑されるばかりでした。

　獄舎は、始終取り替えられます。同じ人ばかり一緒には置きません。「監規」の八カ条がとてもやかましいのです。互いに庇いあう事は罰せられる、長い事同じ部屋にいると規則違反がおこり易いため、転居させられるのです。しばらくの間に何人もの人が出たり入ったりしました。そして、とうとう私が、室長になりました。オールドミスの尼が副室長です。彼女は毎日、時には何度も看守人が回ってくると、小さく畳んだ紙を渡します。私には何だか分かりません。私はただ楽しくすごせるよう、部屋の空気が重々しくならないようにとばかり努めました。

ところが或る日、看守所の所長が私にむかって、互いに監視し、言うこと成す事のアラを捜して告発すべきだと訓示したのです。私はこの時初めて副室長が書いては渡しているものが何であるか分かりました。

やがて所長は、私と彼女とを呼んで、

「部屋の様子はどうだ？」と尋ねました。私は、

「○○さんは毎日頭が痛く、☆☆さんは今、更年期でやはり身体の調子が悪い、△△さんはお腹が空いてたまらないと毎日訴えてます」

といいました。すると所長は、

「あなたは、看護婦かね？　ここを何処だと思っている、そんな事を報告しろとはいっていない、室長は各人の思想を摑むべきだ」

とやり返しました。

「他人の考えたり思ったりしている事を私が、分かるわけないじゃありませんか、どうやって摑むのですか？」

と私が抗議すると、所長は私に眼もくれないで副室長に聞きました。彼女はペラペラと枝に葉を付けて皆の悪口をいいます。それに、彼女は、女なのに喉仏があり、ものを言う度にそれがピクピク動きます。私は、呆れてその横顔を見てますと、所長が、お前もそう思うかと、聞いてきたので、待ってましたとばかり、

「とんでもない、所長さん、この人のいう事を信じてはいけません。枝葉をつけて人の悪口をいうのは、下等な人間だわ」

と反論しました。所長は、

「何いー、みんなお前のように表面現象だけいえば良いのかね？　お前は毎度おれのいう事をコックリ、コックリ、うなずいて聞いて何でも分かったような顔をしているが、部屋にもどるとアッハハでみな忘れてしまう。いつになったら一人前になれるのかね」

とひとくさり説教めいた事をいいました。

この所長は五十少し過ぎたアバタ面でいつも帽子を後にのけぞってかぶり、少し猫背で、物を言う時は眼をはんつぶりにしてタバコをくわえ、椅子から滑り落ちてしまうのじゃないかと思うほど反り返って座っている。じーっとみているとおかしくなって、思わず笑ってしまうのです。皆が恐がるわりには、私は彼に親しみを覚えるのです。

そうしている中に、もと私と一緒に編訳社にいた人が入って来ました。彼女はとても低級な人で、社にいた時も皆から相手にされませんでしたが、逮捕された理由も男女間の問題だと自分で平然と話しました。

しかし、たった一つの取り柄は素早いという事でした。

彼女は、私を見るとすぐ、息もつかずに私が逮捕された後の社内の状況を知らせてくれました。何よりも私をがっかりさせたのは、一番仲のよかった人が、私を悪くいっていたという事でした。

この人がはいってくると、賑やかになりました。彼女は私と違った意味で大胆な女でした。ごまかしや言い逃れのとても上手な人で、明らかに嘘をいっていると分かっていても、吹き出さずにはいられない事があり憎めません。

食事の時は大きな木の桶二つが庭の入り口に近いところに運ばれてきて、生意気で意地悪い顔をした若僧がスープをわけてくれるのです。各部屋から二人ずつ出てそれぞれ重い土焼きの小さなタライを持ってでかけ、人数分だけのスープを入れてもらうのです。重い容器にスープをいれるのですから、ひもじくてヘニャヘニャになっている人には持てません。編訳社からきた彼女は自ら進んで窩頭とスープの運び役を引き受けてくれました。毎度、ガランと戸が開くと私と彼女は容器片手に桶をめがけて、一目散に走ります。一、二、三、四と窩頭の数を数え数を間違えないように持ち帰る。ドカンと桶の音がするといっせいに皆しゃんとして来る。子雀が親雀の餌を待っているかのようです。唾を呑みこみながら、それぞれのお碗を前にしてずらりと寝台にならぶ。尼達はさすがに何もいいませんが、ひもじさは人間誰も同じです。私は、毎日この有り様を見るのがとても辛いので、窩頭を毎回一つか二つ余計に持ち帰る事にしました。最初は皆びっくりして看守人に見つかったら大変だといいましたが、私は、平然とそれを半分ずつ皆に分けてあげると大喜びで食べもう何もいいません。

編訳社の彼女が入って来るまではコソドロを続けて平穏無事でしたが、彼女は、或る日自分が主食の窩頭を取りにいくから、もう一人の尼（一番若い）にスープを運べといいました。そして私に小声で「窩頭を取って部屋に入ったらすぐ皆で一つずつ布団の中に隠してしまいなさい」といって軽いからと私が提供した新しい洗面器を持ってとびだして行きました。あきれた事に彼女は、洗面器山盛り一杯の、一目で超量とわかる窩頭を運び帰ってくるではありませんか。看守人が戸を閉めたとたんに彼女は素早く、一人に一つずつ投げ与え「早く、早く」とその動作の早い事！　私は驚きながらもおかしくてたまりません。ゲラゲラ笑うので、皆もクスクス、ニヤニヤして布団の中に一つずつ隠しました。その時でした。いきなり又戸が開き意地悪小僧が「お前達幾つとった？」と皆をギョロギョロにらむのです。彼女は、何事もなかったように「五人で十個です」と答えました。

「何い？　もう一度数えてみい！」

「一、二、三」

その時、一番臆病な若い尼が、ポイと一つ投げ出しました。私は、「しまった！」と思ったのですがもうおそい。ところが、編訳社の彼女は、

「あら、あんた、いつの間に一つ余計に取ったの？」と平然としてます。

「何いってるんだ、お前が数えたんじゃないか」と意地悪小僧が追及すると、彼女はさ

らに落着いて、

「私、あまりお腹が空いているので、窩頭を見ると興奮して数え間違ったかもしれません」と答えました。

意地悪小僧は、一口唾をのみこんで、

「何だ、この野郎」というような顔付きで戸をバッタン！　と強く閉めて行ってしまいました。お陰で室長の私は、「検討」を書かせられることになりました。私は、

「原因は、皆あまりにもひもじいから生じた事です。どうか政府の方もこの事につき考えて下さい」と書き、後に、「お腹が空いてグッタリしているので、新聞を読んであげても聞いてる人はいません。これでは、『学習』にも影響し、政府のいう『時局の形勢と結び合わせ自分の犯罪を考え、その思想の根源を捜すよう』な事はとても出来ないと思います」と付け加えました。どうしてか、この事につき私は、呼び出されたり、叱られたりしませんでした。

秋たけなわとなったのに、この年は残暑の凄い厳しい日がつづきました。私と二、三人が呼び出され、庭で監獄の警備に当たる軍隊の布団カバーを洗濯するように命じられました。「軍緑」と呼ばれる色の布団カバーを地面を洗濯板の替わりにして洗うのです。陽がかんかん照る中を樹一本ない庭にしゃがみこんで手で擦るのです。一人当たり七枚。それも裏面のないふくろ型でズックの堅い布です。お湯もない、水で油あかを落とすに

は、石鹼を何度もつけなくてはなりません。そこへ、看守人が来て「石鹼は、全部つかっちゃいかん。できるだけ倹約するんだ！」といいました。私は、無我夢中でこすりました。言われた通り石鹼は倹約し、汚い上半部にだけつけ、後はほとんど手で擦りました。朝のうちは、それでも、まだよかったのですが、お昼近くなりますと、益々陽は照りつける、力はもう使いつくし、あやうくひっくり返りそうになりました。傍らで、洗っている若い女の子は小声で、きれいに洗ってやるものか、と涙を浮かべながらこすり続けております。

ソッパの看守人が、私のところへ来て小声で、

「お昼、食事は外でするから、向こうにあるお茶碗とお箸を水で洗ってきなさい」といいました。お昼が出るというので、力を得て、やっとこさでその一重ねのお茶碗とお箸を洗い、皆と一緒に、看守人の部屋の入り口のヴェランダに座って待ちました。一息ついた頃二人の兵隊が、大きなお鍋に一杯トマトスープと別の大きなお盆に、私達がたべてる窩頭の倍以上もある大きな窩頭を山盛り一杯運んできました。看守人はまるで、自分の家の物をくれるような口振りで、「お腹一杯食べてもよろしい」といいました。みな大喜びです。私を入れて五人足らずの人でしたが、お鍋一杯のスープは、たちまちの中になくなりました。

ふと、眼をあげると、向かい側の部屋の窓から皆見ています。手振りで幾つ食べたか

聞いている、私は、数えてみてさらにびっくり、なんと五つ食べたのです。生まれてこのかたあとにも先にもこんなに食べた事は初めてでした。八ヵ月振りにはじめてお腹一杯食べたわけです。部屋の連中に申し訳なく、なんとか持ち帰ってあげたいのですが、どうしようもありません。食べ物は労働に対する報酬として与えられるのだということがよく分かりました。

やがて、私達は、編み物をさせられました。狭い部屋の中で毛糸を編むのは暑くて、ほんとうにやりきれません。そこで、私は、いつも、下に降りて小さな腰掛けを壁の隅に置きせめて冷たい壁に背をもたせて仕事をしました。

編む物は、全部審判官や看守人とその家族の物でした。私達を使って役得をたのしむのはずるいとは思いましたが、何もしないで日がな一日窩頭桶を待ちあぐむよりも、この方がしのぎ易いと思い、私は皆に教えたり、自分でセーターのデザインを考えたりしました。セーターの他に長い長い模様入りの襟巻きが流行っておりました。看守人は、あれこれ模様の名前をいっては、古くて汚いセーターや襟巻きを持ってきては編み直しを注文します。そこで、編み物の本を二冊ほど買ってもらいました。

看守人の注文するのはややこしい模様ばかりで、一段毎に変化のあるものを編むのはとても大変なので、私は、出来ない人に毛糸をほどかせたり、本を見て「メリヤス、ガーター、ガーター、メリヤス」と読ませる役を与えて、もっぱら私が編む役になりました。長さ百五十センチ以上もの襟巻きを十何本も編んだのに私は一つもその模様を覚えておりません。

或る日、おばあさん用の黒いセーターを編むように寸法と毛糸を渡され、しかも三日で仕上げなければいけないとの事、誰も引き受けません。とうとう、私が、指名されました。私は、朝起きて顔を洗い終わるとすぐ始め、全く自分でも驚くほどの早さで就寝時間まで編み続けました。三日目には、どうしても仕上げるんだ、こんな苛め方にへこたれるものかと頑張ったので、お昼すぎにはちゃんと、できあがりました。

皆もびっくりしたり、感心したり喜んでくれましたが、取りに来た人を見たとたん、私はニヤリと笑ってしまいました。何とその人は私を審判する若僧審判官でした。

私は、「お母様のですか?」とききながら、渡したのですが、この時ばかりは彼もおとなしくうなずき、審判の時の威張ったところは、どこへ行ったのかと思うほど、素直な青年になっておりました。私は、なんだかとても愉快な気持ちになってしまいました。

やがて又、部屋を変えられ、仕事も変わりました。

今度は、白いネルでぬいぐるみの猫を作る仕事でした。これは、輸出向きの玩具だそうで、男女囚とも作らされました。私は、工芸美術院を出た人と部屋のリーダーになり、仕事の部分けをしました。もちろん、一番面倒な頭部がふりあてられました。凄く不器用な田舎出の人にはガラスの目玉選びをやらせました。大小様々な目玉を一対ずつ選ばせるのです。私は、とてもこの仕事が好きになり猫の顔形を考えながらとても可愛い猫を作りました。私達は、白一色のを作るのですが、男囚はその白の上に墨でブチをつけてブチ猫を作らされているのです。墨を乾かすため、外に並べるので、小窓から覗いて、吹き出してしまいました。なんと彼等の作る猫の顔は、まるで人間そっくり、長い鼻に大きな口！　私は、皆に「早く、見てごらん。猫お化けがズラリと並んでいるわよ」と言ったので、皆かわるがわる覗いて大笑い。猫の顔は目、鼻、口は小さくまとめ、耳は小さく両側適当なところに縫い付けるべきなのに。

同じ部屋のタタール人は、じつに愉快な人で、平然と「私は国際スパイよ」と下手糞な中国語で話しては皆を笑わせました。その結果、一日七十個の猫の頭は、私が一人で作る事になりました。彼女達は三部分を縫い合わせる事しかしない。これは、お喋りしながら、出来るからです。そんな事に頓着せず、私は、とても、楽しい仕事なのでせっせと作り、どうやったら能率をあげられるかということばかり考えていたのです。

冬になりますと、部屋の狭いたたきに、ストーブが入ります。

毎日、ストーブの石炭を取りに外へ行くのが、タタール人の役目です。彼女は、監獄から、綿入れのぶくぶく大きい中国式の上着とズボンをもらい、靴も綿入れの大きな男用の物を、スリッパのようにタラトロと履いており、全く面白い恰好です。監獄では、全ての動作が、機敏でないといけません。彼女は塵取りを持って大急ぎの小走りで、庭の花壇の中に積まれている石炭の所へ行き、欲張って出来るだけ沢山取り、塵取りから、零れおちないように抱きかかえ、立ち上がろうとしたとたん、看守人が、「早くせんか！」と怒鳴ったので、あわてたはずみに大きな石炭の塊を落としてしまいました。看守人が、

「何しているんだ！　早く入れ！」と怒鳴ったので、なおさらあわてて、塵取りを持ち上げ回れ右をしようとしたのですが、どうした事か、ドッタン！　バタン！　ガラガラッ！　ゴロゴロッと塵取りを投げ出して、地面に腹ばいの恰好でころんでしまいました。看守人もびっくりして、「もう一人行って起こしてやれ」といいます。もう一人のリーダーが、飛び出して石炭を拾い集め、塵取りに半分にもならないのを持ってかえってきましたが、タタール人を見ると、どうも顔形が変わっています。よく見ると、三本しかない前歯が、二本欠けてしまってました。彼女は、痛いなどといわず、「あんた、石炭ひろう時、私の前歯見なかった？」と聞いたので、又々大笑い。それ以後、彼女の人相が変わってしまいました。美人も歯抜けばあとなっては見られません。ところが、彼女はだんだん痩せて行くのです。歯がなくなって、物がかめないからかしら？　と、皆でいうけれど、「違う、違うわ」といって問題にしません。

　やがて彼女は胸部が痛いといい、汗までかきだしたのでお医者さんを呼んでもらいました。老医は、彼女を医務室に連れて行きましたが、しばらくすると看守人が来て、彼

女が入院したと告げました。

二週間もしたころ、彼女が他の部屋に戻った事が分かりました。さらに驚いたことに、彼女は丸坊主頭になっていたのです。

ちょうどその頃、私も、或る朝急に起き上がれなくなったのです。腰が曲がらなくなってしまい、立ちあがると今度は、前こごみができません。痛む腰を両手で締め付けてみるのですがどうにもなりません。私は、よく笑うのですが、笑うとなお、腰も痛みます。歩くのも不自由なので、仕方なく、老医が回ってきた時、診てもらいました。

編み物をしている時、私はいつも冷たい壁に寄りかかっていたのですが、それがたたったのでした。冬に入ると底冷えのする部屋のドアよりに毎日座り通しで猫人形を作っていましたが、あの時も、隙間風がちょうど背中と足元に吹きっぱなしだったのです。それでも、毎日身体を動かさなくてはとんでもない事になると思い、痛いのを我慢して、狭い自分の席で一生懸命体操をしました。これに効く薬は無いといわれ、アスピリンをたまにくれるだけです。

或る日私は、工芸美術学院を出た人と一緒に玩具の剣を作るよう命じられました。玩具の剣に「土粉」と糊を混ぜあわせたトロリとした状態にした物を豚のぼうこうに入れてその先に口をつけ、ちょうどケーキに絞り出しで、クリームのデコレーションを付ける恰好で、剣身に竜を描くのです。馴れると横に並べた剣の竜の位置は、まるで、機械で作ったように揃う、同じ長さの竜が、同じ位置になるのです。私は、これが、不思議でなりません。何時になったら、自分もこんなになれるのかと、工芸美術学院出の彼女の手並を見てました。彼女は、意地悪く、詳しくは教えてくれず、「慣れるとこうなるわ」というだけです。私は、一日練習しました。片手に剣鞘を持ち、片手にすごく冷たい豚のぼうこうを持って素早く絞りながら竜を描くのです。遅いとボテボテとひとところに固まってしまいます。私は、練習しながら、しきりにクリームケーキを思い食べたくてたまりませんでした。甘いものが、ひどく欲しいのです。

次の日、看守人が入ってきて「一本描くのに何分かかるか見てやるから描け」というので私は、前の日覚えたばかりの竜を一生懸命描きました。すると、看守人は大喜びで、「お前は、なかなか器用じゃないか、成績上々だ。この分で真面目にやれ」といいました。彼女は、一日に四百本描いていました。私は、一日必死の状態でも百本位しか描けません。どうやら、位置づけは、出来るようになりましたので、とても嬉しく、なんとかして、彼女に追いつこうと一生懸命頑張るけれど駄目です。内心悔しくてたまりません。同じ人間なのに他人にできる事なら、自分に出来ない事はないと、毎晩布団に入っても、痛む腰をさすりながら、悔しく思いました。不思議に昼間仕事をしている時は、腰の痛みも感じないのです。終業時間がきたとたん動けなくなるのです。同じ姿勢で一日ぶっ通し働いたあとその姿勢が崩れると、折れるかと思うほど痛みだし、「あっ、腰ってたしかに身体の中心だな」と思ったものです。

お正月が近づいた頃、私達女囚は、皆一つの大部屋に入れられました。タタール人も、もちろん、入ってきました。そして、次のような話をしました。

彼女は、八年前に逮捕されてきた時、家に残してきた小さな女の子と母親が、心配でたまらなく、毎日泣いていた。しかも、自分が、友人だと信じこんでた人が、実は自分を調査するため公安局からまわされた人と分かり、只でも悔しい時に、十年の判決をうけたのだそうです。もう生きて行かれないと思い、当時針仕事をさせられていたので、大きな長い針を飲みこんで自殺をはかったところ、何日たっても死なない、かといってこんな事は誰にも言えないので、黙っていました。その後も何とかして自殺しようとしたけれど、チャンスがなくとうとう三年過ぎてしまい、だんだん監獄生活になれてきて自殺も考えなくなったといいます。

胸が時々痛むけれど大した事もないので、ずーっと我慢してきたとのことですが、痛みがだんだん激しくなっても胸部の事をいうと自殺した事がばれるので、いつもお腹が痛いといっていたのです。

（監獄では、自殺は罪に罪を重ねる事になるので増刑されるのがこわいのです。）ついにこらえきれなくなって診断を受けた時、老医が彼女の胸部を押さえたとたん、はげしい痛さに飛び上がってしまい病院に連れていかれました。レントゲンで撮影したら、胸骨の間に針が刺さっているのが分かりました。手術は非常に順調にいき、取り出した針は緑色を呈していたそうです。彼女は、手術の翌日から、もう寝台を下りて一人でトイレに行ったので、病院では、彼女の気の強さに驚きました。二週間で退院しましたが、彼女は自分の長年の陰患を清算したいので、頭の毛も生え変わるよう、看守人に申し出て坊主にしたのだそうです。タタールでは、そのような習慣があるとの事です。楽天家だと思っていた人が、実は、三年も苦しみ続けてきた経歴を持っていたのかと、私は心から同情しました。と同時に、ここにも一人親しくしていた人から裏切られて告発されたお人好しがいるのを知りました。時代の流れで社会が荒れる時は、人間を裏切った方が笑い、裏切られた方が泣くのです。

私達は、お正月をうんと楽しく過ごそうということになりました。彼女は、男の髪形なので男役をやり、私が女役で結婚式の真似をしたり、部屋の中でダンスを始めたりしました。看守人が、見に来た時、私は立場を忘れて「一緒におどりませんか」といって皆につつかれました。大晦日と正月一日には、ご馳走もでました。久し振りに肉も少し入っていたし、お米のご飯も食べさせてもらい、しかもお腹一杯食べられましたのでみな満足しました。トランプや、ピョンピョンゲームも貸してくれ、他の人は、それぞれ三人、四人と遊んでおりましたが、私やタタール人は、いつも、賑やかに歌ったり、踊ったりして夢中でした。私は、腰の痛さで動作も不自由でしたが、皆の興醒めになるといけないと思い、決して痛いとはいいませんでした。

例の窩頭盗み事件を起こした人は、大風で落ちた庭の樹の枝をストーブにくべ、火を勢いよく燃やしてくれました。彼女は、マッチもちょろまかすのが上手でした。それに、誰よりもストーブをつけるのがうまく、新聞紙一枚と四、五本の薪で火をおこせるのでした。皆に神技ね、とこの点だけで、尊敬されてました。或る時看守人が、どうしてか、彼女に「マッチなら外の窓辺においてある、自分で取りなさい、いいか、三本だけだぞ」といったのですが、彼女は「はい、はい、ご安心ください。三本は決まりですから、よく承知してます」と澱みなくしゃべりながらとりにいき、看守人に「ほら、見て下さい、三本でしょ」といい、彼が去ると片手の掌を開けて見せました。二、三十本のマッチがのっているではありませんか！　私は、彼女はスリではないかと疑ったほどです。

あとで、分かりましたが、この人は、小さい時から、継母にいじめられ、嘘やごまかし、お世辞などをその環境の中で覚えて、大きくなってからはその母に強いられて、自分よりずーっと年上のお金持ちの妾になっていたという事でした。

正月三日目に、私は、所長に呼ばれました。彼は、

「お前は、室長としてこの正月をどう思うか」とききました。私はすかさず、

「私達とても楽しかったです。結婚式挙げたり、ダンスをしたりしました」

と答えました。彼は、

「お前は、室長として何をしてたんだ？　俺は、遊びなんか聞いてるんじゃない。皆の思想状況を聞いているんだ」

「そんな事おっしゃっても、私には他人の心の中まで分かりません」

「クリスチャン二人は何をしてたかね？」

「私達が騒ぐのを見てました」

「あの二人は寄り添って何を話してた？」

「そんなこと気にとめてませんわ。お正月ですもの、思いっきり遊んだだけです」

「だから、お前は、いつまでたっても進歩しないんだ。室長たる者は、始終皆の様子を注意して、彼等の思想の動きを捕まえなくちゃいかん」

私は、仕方がないので、コックリうなずきましたが、彼は、

「お前はいつもさも分かったように聞いているが、部屋に帰すとアハハと笑っている、こんなじゃ何時になったら出ていかれるんだ」

と又もや叱られました。

「他人の考えている事が、分からないと出獄できないんですか？　そんなら私、一生出られないわ。出鱈目な事ばかり報告して、他人の悪口ばかりいったり、書いたりする事は、私には出来ません。いくら早く出たいからといって他人を犠牲にする事なんか――」

一気に私が、こんな事をまくしたてたので、所長は呆れたのか、「もう、良い、戻れ」

といいました。

部屋に戻ると又、「労働号」といわれる部屋で作業です。「労働号」では、お腹一杯食べられ、スープの中身もいくらかましで、食べられないほどくれました。部屋に残っている人達がかわいそうで、やがて私は自分達の部屋で、朝から皆に仕事を教える事になりました。私達の部屋は、やがて「労働号」になり、皆がお腹一杯食べられるようになりました。

ところが、良い事は、長く続きません。私達の部屋に大学生が一人入ってきました。ぜんそく持ちの病人です。彼女は、ひどく思い上がった人ですが、発作を起こすとおねしょをしてしまう癖があり、私はせめて着る物だけでも乾いた物をと思い、自分のセーターをあげました。すると、翌日すぐ所長に知れてしまい、さんざん叱られたあげく、検討を書けと言われました。でも、この書き方が分かりません。

すると、やたらに私に親切だった人が、「教えてあげましょうか」といって、すらすらと三行ほど書きました。見ると、「政府の教育のおかげで、私は、階級と階級闘争の意義がわかり――云々」と述べてありました。

「あらあいやだ。何を言っているの、階級だなんて。私は、ただ気の毒だと思ってあげたのよ」

「駄目、駄目、すべて検討を書く時の始まりは、まずこう書かなくては、駄目なのよ」

「へーえー」

「このあと、自分の思想の根源を書くってわけ」

「思想根源ですって？　だから、いったじゃないの、気の毒だから上げたまでじゃないの。同情したまでなのよ、どういう立場に立っての同情かなんて――お互い、囚人になってしまったのだから、助けあわなければどうするの？」

「あなた、本当に駄目ね、規則の八条を忘れたの？　囚人は、互いに品物の贈与は厳禁だったじゃないの？　囚人同士が、同情しあったり、助けあったりしたら大変な事になるわよ」

しゃばとは違い、監獄の中なのですから、互いにかばいあったりすればまずいわけで、政府として検討の立場にたつ事になるのです。

ところが、間もなく今度は、田舎の嫁さんが、入ってきました。彼女は、逮捕される人間は、皆銃殺されると思い、どうせ死ぬんだからと、古い綿入れの上下を素肌に着てきました。そして、すぐ高熱を出して寝込んでしまいました。老医とはいえ、男性です。私は、彼の来る前に自分のメリヤスの下着ひとそろいをあげて着せました。そして又、検討という事になりました。

「お前は、あまりにも獄則を疎かにしすぎる。依って、よろしく反省させるため、今日より労働を停止し、部屋に帰って自分の犯罪についての思想根源をえぐりだせ」とガチャッと手錠をかけられました。私は、検討らしい検討も書かずに手錠をはめられたまま竜を描いたりしていたので又叱られましたが、一週間目には、手錠は取ってくれました。仕事が間に合わないからだと思います。

たいてい、夜中にガランゴロンと戸が開き新囚人が入ってきます。誰も何もいわず、只起きて彼女の寝る所をあけてあげるだけです。私のいる部屋には、その後も入れ替わり立ちかわり、色々の人が、出入りしましたが、この庭の中にいる人々は、皆信仰問題か歴史（過去の事）問題の人ばかりでした。

かつて農村では、ゲリラ戦のとき昼間は国民党、夜になると共産党が入ってくる所があり、農民は、これを「のこぎり作戦」といって大変迷惑がりました。国民党が入って来ると家に共産軍がいないかと捜査し、共産党は国民党の事を聞く、といったわけで、双方とも食糧や薪等を提供させるので、二重の負担に苦しんだのです。わけても、国民軍はすぐ殺すので、農民は恐れ従わなくてはなりません。

私は字が書けるので、囚人の口述する事を文章で提出するために書く役目をおおせつかって知ったのですが、ある老女の話は次のようなものでした。

七十歳に近いてんそくのその老女はこんな理由で逮捕されてきたのです。

彼女の住んでいた村も「のこぎり作戦」で、嫌というほど痛めつけられたのですが、国民軍が、白昼に入ってきて大捜査を行ない、共産軍に味方したという理由で村の一人を捕まえて、穴を掘って生き埋めにしました。そして、「自分が本当に共産軍を憎んでいるなら、その証拠に、この穴の中に石を投げろ！」といい、皆に投石させたのでした。投げないと共産党の味方とみなされ、同じ穴に押しこまれます。村人達は仕方なく、国民軍の監視する中を列を作り、一人ずつ石を投げたそうです。この老女は、涙を零しながらも命令にそむく事はできず、小さな石を拾って投げました。が、石が小さいのは同情してるからだろうといわれ、もっと、大きな石を投げなければ穴に突き落とすと責められて、恐ろしさのあまり、夢中で大きな石を拾って投げたといいます。もう一人の中年農婦は、共産軍に味方をした青年を皆で殴れといわれ、火かきの鉄棒で青年を突いたといい、そのかどで、逮捕されてここに来たのだといいます。

彼女達は、こんな口述だけではすまされる筈もなく、何回も尋問に引きだされて行きました。互いに自分の事は話してはならない規則なので、この他何があったかは、分かりませんが、この老女は、その後病気になり、どこかへ消えて行きました。

さらに、もう一人の三十そこそこの農婦は、もともと農村で農夫と結婚しましたが、夫が共産軍の地下工作員だったのを告発され、国民軍に銃殺されました。その時、彼女はまだ十八歳でしたが、夫が殺される時、「陪綁」（夫が縛られる時そのお相伴をすること）といって同じように縛られて、傍らにひざまずかされたので失神し、そのあと国民軍の地下室にいれられていたが、監視に当たった国民軍の警官が俺と結婚するなら出してやるというので、彼と結婚しました。ところが、各地を転々としたあげく、捨てられてしまったのです。どうする術もなく、当時社会的地位の一番低かった鉱夫の妻になって暮らしていたのをここへ連れてこられたのです。罪状は知りません。彼女は度々の逆境で、とても意地悪です。ずる賢く、人のあげ足とりとか、枝葉をつけ他人の過ちを大げさに「隊長」（監獄では、囚人を監視する人を皆こう呼ぶ）に報告したりしました。彼女は、チョコレートも知らず、「シャバに出たらなんとしてもそのチョコレートとやらを買って食べてみなくちゃ——。金默玉が、そんなに好きなものならきっと美味しいにちがいない」といっておりました。

大勢の中には、気が狂って精神病院に送られていく人もいました。

私は、次々に部屋が変わり、仕事を変えられて、日々が過ぎました。布団作りの仕事を割り振られた時は、綿の入れ方が分からず、身体じゅう綿をくっつけて奮闘したり、囚人用の冬の綿入れの上着を縫ったり、持ち前の気力と体力で負けてはならないと頑張ったのです。

その頃、嬉しい事に食事が、大層改善されて来ました。たまには、白いご飯もでます。面白い事にタタール人はちぢれっ毛だったのが、「窩頭」を食べだしてから、真っ直ぐな東洋人のような頭髪になってしまったのでしたが、今度、又白いご飯を度々食べるようになってから、又ちぢれだしたのです。坊主頭になる前より大変きれいなウェーブのふさふさとした毛になり、本人も皆もびっくりしました。

彼女は、呼び出されて幹部にロシヤ語を教える事になり、しかも刑期も近く終了するというので、出てからの事を夢に描いており、皆も彼女を祝福したものです。

彼女が、出獄と決まると、政府は、彼女のために、洋服一揃いと靴を買い与え、出獄二、三日前に獄舎ではない普通の部屋で休ませる事を知らせました。彼女は大喜びで、私達にその事を話し、私達も喜んであげました。

一時、痩せてお化けのように見えた彼女は、又美人に戻って出ていった訳です。その変わり方が、余りにも激しかったので、人間は、精神状態でこんなに違うのかとしみじみ思いました。

さて、私達残りの者は、突然に、荷物を片づけろといわれ、ジープ二台に荷物を積み込む事になったのです。皆の布団や洗面器、風呂敷包み、ほうき、塵取りと全部積んだら、車はもう一杯になりました。さらに、「人間も乗るのだ」と声がかかりました。

「何をぐずぐずしてるんだ。早く乗らないか！」と叱られました。

私は、人間はもう一台に乗るものとばかり思っていましたので、仕方なく、まずお婆さんを押しあげ、次々と皆を押し込みました。それこそ寿司詰めです。もう入れないところへ、私が、「布団巻」の上に腹ばいになってやっと乗り込み、荷物と人間で身動きのとれない状態です。いつの間にか、車は走りだしており、大分走ったのに止まりません。

「どこへ行くのかしら？」

「今、どこを走ってるの？」

「まさか、停車場じゃないでしょうね」

と、皆口々に小さな声でささやいてます。

バタンと車のドアが開き、「降りろ！」と看守人の声。けれど、誰から降りたらよいのでしょう。私は、本当に迷いました。

室長である以上、私は、すみやかに行動しなくてはなりません。私は、思いきってその布団巻を地面に落とし、真先に飛び降りましたが、何も見えません。よくも、月の無い夜を選んだものとわきあがるかんしゃくを押さえて、一人ずつ抱くようにして、ジープの高い台から皆を降ろしました。

最後のお婆さんはてんそくで、前かがみになって私に抱きついてこようともしないので、抱き降ろす事も出来ません。私は、お婆さんの両腕をつかみ力一杯に引っ張りました。お婆さんは、「アイヨウー！」と叫んで地面に落ちてきました。暗い庭を曲がって、剣付き鉄砲の兵隊に挟まれてやっと、獄舎の一棟に入りました。せいぜい、十五ワット程の電灯がとても有り難く思われました。

皆別れ別れの部屋となり、お婆さんとも別れて私はほっとしました。

この部屋では、世間では相当の地位にあったと思われる上海人にあいました。そして、例の「長女」の父親である袁老人が、亡くなったと聞きました。私は、心から、冥福を祈りました。

この頃になると、私は竜描きはうまくなりましたが、腰の痛みは益々ひどくなり、曲げる事が出来ません。お湯汲み当番も我ながらぶざまなアヒルのような恰好で、持ってこなくてはならないのです。戸の開けたてが難儀で、湯をあやうくこぼしそうになったりしました。それを見ていた、いつもの人とはちがう看守が、小さな声で、「これからは、気をつけなさいね。火傷をしたら大変ですよ」と、びっくりするほど優しくいいました。四年以上も聞かない言葉でした。

「腰が、不自由なので――」

と言い訳がましくいうと私を見つめただけで、錠を降ろして行きました。私は、自分の不作法をとがめられたようで、恥ずかしい気もしたのですが、高圧的ではない物の言い方に、彼の高ぶらない態度に心の中では、感激すら感じていたのです。

間もなく、私は又荷物を纏めろといわれ、別なところへ移されました。原因は私の腰にありました。別の看守所に行けば、日光浴ができるからというわけです。移された所は、広い運動場のある三階建の看守所でした。時はメーデーの季節で、太陽のさんさんと照る広場を見てほっとしました。皆と一緒に大門の入り口で、地面に座って一人ずつもとの職業を聞かれ、それから後方の三階建洋館に向かうのです。荷物は自分で持てといわれました。腰を曲げるのだけでも辛いのに、荷物などとても持てないので私は「持てません」といって立ったまま動きませんでした。看守人は「これっぽっちの物ももてないのか?」といいます。私はやむなく、地面に投げ出されている毛布にくるんだ荷物をそのまま引き摺り出したものの、片手ではとうてい駄目で、後ろ向きに両手で引っ張ると、まるで綱引きをしているみたいでした。とうとう私は、吹き出して、「駄目です。私は、腰を痛めているのです、だから力が入りません」といいました。看守人も笑いそうなのを無理にしかめ面を見せ、向こうで庭を掃いていた老婦人を大声で呼び寄せ荷物を持たせました。

三階の洋館の入り口は、外の明るさと全く反対で、いきなり穴蔵の中にはいったように何も見えません。私は、階段があるのが見えず、あっという間に転んでむこうずねを打ち、しばらく立ちあがる事も出来ません。

その時、「金さん」と小声でよぶ声がしたので、やっと闇に慣れた眼で見ると、一番最初にいた看守所で短い間、一緒にいた事のあった大学生でした。かつて彼女は自分の事をよく話しました。或る日、ごく詰まらない事で看守人と喧嘩をしました。あげくのはて、「周総理! 毛主席! 私は無実です!」とわめきだし、とうとう所長と看守人が一緒に来て、前手錠を後手錠に変えられたのです。私は、初めからわめいたりしないで、話があれば、審判官に話したら良い、わめきすぎると罰せられてつまらないじゃないのといったのですが、彼女は聞きませんでした。もともと、きゃしゃな身体つきで、声も細い人なのに、この日は興奮してありったけの声を張り上げての騒ぎだったので、こういう結末になってしまったのです。その日、肝心の看守人は、一番気弱な王という人でした。彼は所長にいわれて、部屋に入り彼女の手錠を外して後手錠に直そうとしたのですが、彼女は自由になった手で彼を押しのけたり、足で蹴ったりして近付かせないのです。私は「静かにしなさい！　暴れてももう遅いわ、手錠ははめてもらいなさい。それとももっとひどい目にあいたいんですか！」と今までにない大声を出したので、彼女もまわりの人も静かになり、やっと、一場の嵐がおさまった次第でした。あとで、彼女は、「あなたが、大声をだしたから、私助かったのね」といいました。たしかに、あの時おさまらなければ、彼女は、禁固刑にされ、もっとひどい目にあったと思います。もし、所長も看守人も手に負えないとなれば、きっと、もっと男の看守人を呼んできて、彼女をつまみ出すに決まっているし、私はそんな状態まで事態を発展させたくなかったのです。彼女は、その後、もう一人の気の触れた人とどこかへ運び去られたのですが、私達は、皆精神病院だろうと推察していたのです。

ところが、ここの留置所に回されていたとは――。

部屋は、大部屋でした。寝台が部屋の両側に並び、戸口とむきあって大きな窓がありました。仕事をする時は寝台の板を、一、二枚残して全部あげて、その空間に小さな腰掛けを置いて座るのです。ここでは、皆仕事をさせられていて、電気のスイッチの組み立てや布靴の底づけをやらされました。

毎日のように外にでて学習するので、女看守は、私に腰だけでも日光にあてるようにいい、それがとてもよく効きました。その時初めて、太陽が、如何に人間にとり有り難いものであるかが身にしみて分かったのでした。

その頃から、私は、甘い物が食べたくてたまらなくなっていました。粉石鹼をみると白砂糖と思い、せんたく石鹼（中国のは、皆長方形の黄色い型です）を見るとバターを思ってつばをのむほどです。ここでは、成績が優秀で、規律を守る人は、毎月五十銭の手当てがもらえました。私は、又欠伸をしても「ドレミファソ」と言ったりする楽天家なので、最初の月から五十銭がもらえました。ところが、タオルとか、石鹼が買える程度で、ほかの物は売ってる所がないのです。ここの人は、ほとんど月に一度、家から人が、差し入れにくるのです。その「接見」という日になると、皆短時間の会見を終わったあと大きな包みを抱えて戻ってきます。その中身は、ほとんどが、食べ物です。

皆が、嬉しそうにキャンデーやお菓子を食べるのを、私は指をくわえて見ておりました。むろん遣り取りは、許されていません。私は廊下に出て、見て見ぬ振りを、月に一度は必ずしなければなりませんでした。人間はこんなに卑しくなるのかと自分を情けなく思ったものです。私には、この方が、あのひもじかった頃よりはるかに辛く感じられました。

私と同じように「接見」のない半精神病患者にされている例の大学生は、香港から帰国して来た人です。私にすり寄ってきて、生い立ちや家庭の事を話し、いかにもそれ等に愛着をもっているようで、かわいそうでした。弟がどこかの学校にいるなどといいながら毛糸のズボン下を、覚束ない手付きで一針、一針編んでいました。いつ会えるかも分からない弟の物なのです。私は、そんな日、彼女に代わって編んでやりました。

彼女は、共産党に対する自分の知識とその頃の運動の目的が分からなくなり、盛んに審判官とやりあったらしい、それで、反革命分子にされたのだとの事です。祖国を愛すればこそ、帰ってきたのに、という言葉を口癖のように繰り返しておりました。彼女は、私と同じように、マルクス主義の勉強は、あまりしておりません。「新民主主義」の大陸社会をあまり深く理解しないで、大胆に、運動の最中に放言したらしい。ここでの彼女はもう次々まくしたてる事もなく、黙ったまま、悲しそうな顔をしてましたが、或る日私に見せてくれた両方の手首の黒ずんだ手錠の跡を私は忘れる事ができません。やがて、新年が来て、私には逮捕されてから六度目の正月となりました。

嬉しい事に、キャンデーを五十銭買ってもいいと許可がおりました。わずか、中国式のキャラメル十二、三個を前にして、私は食べたものかどうか迷いました。よだれがこぼれそうに、食べたい、けれど食べてしまうといつまた買えるかは分からないのです。

とうとう、キャラメルの香りに負けて、一粒比較的小さいのを選んで口にいれました。お腹の虫はまってましたとすぐ、吸い込んで行きました。どうしようもなく、又一粒いれると、あー甘い……、たしかに甘い、牛乳、バターの香りがかすかにする……と思っているうちに、又溶けこんでしまいました。私は、内心一日一粒と決めていたので、ハンカチに包みました。ところが、隣の人を見ると次々に口の中にほうりこんでいます。いつも何も無かった部屋の中は飴の香りで一杯です。皆が一斉に同じ物を食べているからです。それにお休みなので、他に気のまぎらしようもない……。とうとう、私はハンカチ包みを解き、一つ、二つ、三つと口に入れているうちに、半分以上も食べてしまいましたが、それでもお腹の甘い物欲しさは収まりません。私は、家にいれば、こんな飴もらっても食べなかったなあと思い、今のいじきたなさを思うと、だんだん訳の分からない憤りを感じ始め、こんな情け無い思いをする位なら、いっその事一気にたべてしまおうと思い、今度は、ゆうゆうとくちに入れ、全部たいらげてしまったのです。

同じ部屋にもう一人クリスチャンがいて、彼女はもう五十を過ぎているけれど、眼の大きい笑うときれいな人でした。牧師の夫人だそうですが、彼女は、凄い倹約家で、石鹸さえ石鹸箱にいれると早く減るといって、ぶら下げている人でした。又抜け毛もすてず、ネットを編むのですから私は仰天しました。髪の毛はけっして腐らないそうです。

彼女は凄く頑固なところがあり、いかにもクリスチャンらしいけれど、けちで、部屋中の人に嫌われておりました。彼女は教会でピアノ伴奏をしていたそうで、彼女を知っている人もだいぶおり、当時の彼女はとても素敵で、中国服の右肩にレースのハンカチを差し込みニコニコしていかにも優しく見えたという事でした。

翌日の夕食後、事件がおきました。このクリスチャンの飴が紛失したのです。一個食べたあとは、ハンカチに包み自分の足下の板の下の桟にぶらさげておいたというのです。女看守がきて、板も上げずに、どうしてそんなところへしまえたのかと聞きますと、彼女は板と板の間がとても広く、十分に手を入れる事ができますのでと答えました。女看守は、「ははーん」という顔付きで何もいわず去っていきました。

女看守は、翌朝の朝会で「今週の土曜日の『週末総結会』のとき、この事について批判をするから、皆、この行為について考えておくように」といいました。

その頃、靴の仕事で最高の定量を超過し、日産七十足という数字をだしたのが、他の部屋の大学生でした。皆で彼女の仕事振りを見学することになり、列を作ってその部屋へ見に行きました。彼女は板を外さない寝台の上にすわり、傍らの大きな箱から靴を取り上げては木の枠に挟み、スースーと身体をやや左右に動かして、実に機械かと思われるテンポで縫っていきます。一つが終わるともう一つを枠におしこむ、すると前に置いてある空の箱の中に出来たのが落ち込む——。

全く、私は感心してしまいました。そこで、彼女に追いつく競争が始められ、若い人達は、二十七、八足の成績をあげ、私と同じ部屋の大学生は四十足を突破したのですが、なぜか表彰されませんでした。表彰されなかった理由がまもなく分かりましたが、実はここでもう一つ事件がおきたのです。

有名な大学教授の姉さんで、やはり信仰問題で入って来た人に接見がありました。独身で、もう六十に近い人でしたが、家庭が裕福なので、持ち物はぜいたくな物ばかりでした。布団も羽布団です。その日は、南方から彼女の親戚が来て、留置所にお見舞いとして沢山の中国のお菓子など持って来ました。政府はその親戚の社会的地位のせいか、全部持ち込みを許可しました。元々警戒心の無いひとですし、お嬢さん育ちなので、彼女はお菓子箱をそのまま自分の寝る場所の板敷きの下に重ねて置きました。一目で見える入り口の所でした。

翌朝、彼女が起きて洗面器を出そうと下を見たら、大切なお菓子箱の影も形もありません。あんなに多量のお菓子が詰まっている箱を、誰がどこに隠せるでしょうか？　大議論が始まりました。ねずみなら、屑が落ちているはずです。

看守は何も言わず、いつもの通り私たちに仕事をさせました。夜の学習時間も何事もありません。ただ、夜の見回り番の二人が、呼ばれて行きました。しばらくすると一人は戻ってきましたが、もう一人の大学生は帰って来ないので、私は、彼女が何か知っていて報告しているのだろうくらいに思っておりました。

土曜日の総結会の日がやって来ました。女看守の隊長が来て、いきなり大学生の名を呼び、皆の前で検討しなさいといいました。

私も驚きましたが、皆も「あれーえ」という顔付きをしました。お菓子を盗まれた老女の驚き方は一入でした。

大学生の自白は、およそ次のようなものです。

「夜回りの時、廊下を行ったり来たりして私達の部屋を通る度、そのお菓子箱が見えて、どうしてもその誘惑に勝てず、とうとう自分一人になった時それを持ち出し、一度に食べてしまって箱はストーブに入れてしまいました。自分は、盗みが原因で入所してきたのにこんな事をしてしまい、政府の長年教育に対して申し訳ないと思っています。お菓子の持ち主にも申し訳ありません。しかし、私の両親は、会いにきてくれても、決して食べ物を持ってきてくれない、私は、甘い物欲しさと、昔からの食いしん坊の虫がどうしてもおさまらず、こんな事をしてしまいました」というのです。

彼女は、体格も良くちょうど発育盛りで、この誘惑に勝てなかったのでしょう。さらに、驚いたのには、先日のキャンデー事件も彼女のやった事だったのです。彼女が、労働成績を上げても表彰されなかった裏には、こんな理由があったのでした。

彼女の自白のあと、皆が、我先にと批判の発言をしました。私は何も言いませんでした。私は、彼女の両親の配慮が足りないと思います。娘が、食いしん坊だと分かっているなら、なぜもっと家にいた時沢山のお八つを与え、いいきかせなかったのか、発育盛りの子供に勉強ばかりさせ、労働と思想改造の成績ばかり聞いたというのが、私には全く理解できませんでした。それほど迄欲しい、食べたい物を与えないのは、なぜでしょう。犯罪を犯してまでも食べたかったのなら、よほど欲しかったに相違ありません。それを、自分でも悪い事と悔い一生懸命労働をしている現在、差し入れをしてやらず、なぜ、皆が食べるのを見ているだけの場に追いやるのか。子供は発育盛りなのに何も持って来ないのでは、再び罪に追いたてるのと同じではないかと私は憤りました。これは、他の盗みとは違うと思うのです。自分自身こんなに糖分を要求するのも身体の必需からであり、単なる食いしん坊とは異なった状態に陥っているのです。長い間監獄にいると、体内の糖分が欠乏し、しらずしらずの間に緊張も重なって疲れるのです。

やがて私達の靴作りも毛糸の編み物にかえられました。編み物をしておりますと、考える時間が多くなり、私は、何時までも判決が下らないのが、気になりだして来ました。監獄に入ると毎月二元五十銭もらえ、行動もずっと自由になると聞いて、今日か、明日かと待っているのに一向に音沙汰がないので、私は、隊長に一度聞いてみて下さいと頼みました。が、一カ月過ぎても動きがないので、また頼み、さらに一カ月ほどが過ぎました。そして、そうこうする中に、或る日突然私は隊長に呼ばれました。

第十章　服役十五年、離婚

十平方メートルほどの隊長室に入って行くと、そこにはたった一人の法警が私を見て、生年月日、氏名を問いただしました。そして、立ったまま厳かに「良くききなさい。これから判決文をいい渡します」と、まるで小学生が卒業式の答辞を読む調子で読み出しました。私には、あまりよく聞こえなかったのですが、最後の……故に十五年の有期徒刑と為す、の一言をきいた時はびっくりしました。頭の中が白く空虚で、思考力が失せて行きました。「私が、何をしたというのだろう。ある日突然手錠をかけ、一度も裁判をしないで判決だけ十五年の刑を下されたのです。王族に生まれ、日本で学んだ親日右派だからいけないといわれても、これは私には責任のない経験ではありませんか」と心の中では叫びましたが、表面はびくともしてないと見えたらしく法警も隊長も驚いたようでした。

しかし私は、すぐもう六年もたってしまった、今さら何をいっても始まらないわと思い直しましたので、法警が「もし、異議があるなら十日以内に上訴しなさい」

といったとき、即座に、

「異議ありません」

と答えました。一九六四年の事でした。中国ではこの二年ほどのあとに紅衛兵などが獅子奮迅の活躍（？）をすることになるのです。嫌な嫌な時代でした。私は隊長室を出て又もと通り仕事を続けたのですが、ちょうどその日、監獄の方から人選に来ました。私は、すぐ選ばれたので、荷物を纏めにかかりますと、大学生が、「涙を一滴も零さないから、期間が短いのでしょう？　すぐに家に帰れるのじゃない？」ときいてきました。ニヤリと私は笑って「十五年でございます」と答えました。

判決と同時に、私は、正式に入獄となったわけです。約二十人の同じ運命の人たちと、歩いて監獄に行きました。

此処は、もうすっかり一切の手続きをすませ、あとは、出獄の日を待つばかりのところです。しかし、無期刑の人もおり、死緩二年という者もおります。死緩二年というのは、死刑、緩和二年で無期刑になれる事を指しており、たいてい、無期刑に改められます。

妙なことですが、監獄は留置所より自由で、明るい感じがします。労働の種類は、だいたい三種類でした。「靴下工場」と「靴下修理」、それに「せんたく」です。

私達、二十人ぐらいの中から、半分ほど靴下かがり、と修理に回されたのですが、残った人に隊長が、「この中で、誰か編み物の上手な人はいませんか?」とききました。すると、皆が、いっせいに、私の名を挙げたのです。

「そんなら、あなたが、組長になりなさい。今まであった編み物組は、もう責任者がいなくなったので、作業が停止してます。今から、また組立てる事にします」

とさっさと決めてしまいました。

呆れた事に、編み物組は場所がないので、放射状になっている獄舎の廊下で、それぞれに場所をみつけて作業をしろというのです。私は呼びとめられて、

「あんたは、この真ん中にいなさい」

といわれ、恐ろしくでこぼこの竹針を一束渡されました。

私は三年近く編み物組を担当させられ、その間監獄長の物から各科長や隊長の家族等の物まで作らされました。そして心の中で、これが、つまり改造の成績なのかと思い、「なあんだ」とがっかりしました。

このほかに、私は、宣伝もやらされていました。皆の学習の心得や大会の感想などを、四つの廊下に「壁報」として張ったり、正月や節句ごとに飾りや絵を描いたり、ときには、新聞の漫画を大きく描きなおしたり、地図など描いてヴェトナム戦争を説明したりする役です。私は、花を描いて「壁報」のコーナーを飾り、それにあわせた色のビニー

ルテープで囲んで、余白には海の画を描いてョットを浮かばせ、やしの木を一本描きました。広々とした感じにしたかったのです。自分でもきれいだと思い得意でした。

ところが、隊長に私の描く物には少しも政治色が無いといわれてしまいました。私は、干からびた気持ちにちょっとでも潤いをと思ってした事でしたのに。早速、花を消して、工場や油田、畑等に塗りかえました。もちろん、海もサョナラです。

或る時、衛生問題と「憶苦思甜」（解放前後の比較）が討論され「壁報」もそのテーマに沿って書かなくてはいけません。そこで、私は、赤十字のマークをつけた帽子をかぶっている看護婦を描き、長いまつげのパッチリした可愛い眼に、マスクをかけた顔をクローズアップして、注意すべき衛生事項を書いたのです。昔を偲ぶ物としては、有名な「雷峰」という兵隊の幼時を描きました。ところが工場長は、

「なぜ、こんな眼を描く？　これは、中国人ではないじゃないか」

というのです。さらに、呆れたことに彼女は赤十字のマークさえ知らなかったのです。私が「雷峰」について、この人は毛主席も讃えた有名な戦士です、幼時はとても貧しく苦労した人です、と説明すると、感心したようにその画を持って行ってしまいました。

私は内心、こんな幹部ではとてもインテリ層の囚人を教育する事はできまい、表面を威圧して押さえても、服従する人はないだろうと思いました。

或る日隊長は、あわただしく私を呼び、「明日、上司の方達が参観に来るが、窓ガラ

スが壊れているから、これに合わせた画を一枚描いて張りつけなさい」といいました。私は、機関車が一列の車両を引っ張っている画を描きなぐり、手前の空白には、沢山の草花を目茶苦茶に描いて張りつけました。なかばやけくその思いでかいた画です。その頃何かといえば、機関車のように先頭に立って皆を引き連れて行けるようでなくてはいけないといわれていたものです。

参観が終わると隊長は上機嫌で、上司達は皆この画をほめていた、大変旨く描いてくれたというので私は呆れました。政治的に関心をもつとはこういう薄っぺらなことなのかと軽蔑したくなりました。

この監獄には、よくアフリカなどの外国人が参観に来ました。宿舎の中は、一週一度の大掃除を行ない、真四角に積まれたお布団の上に白いシーツがかけられ、まるで、豆腐のように角がたってきちんとしており、かけてあるタオルも寝台の下の洗面器も横一筋に並べられています。中国としては、代表的な清潔な監獄だといわれていたのです。

夏季は、一週に一度、冬季は、二週に一度入浴できました。普段は日に二度充分なお湯がもらえましたので、皆それで、身体を拭きました。私の知る限り、中国では、北方のよほどの山岳地帯とか砂漠地帯で、水の欠乏しているところでもない限り、たとえ労働者でも農家でも、桶やたらいでこまめに身体を洗ったり、拭いたりします。女性は、ほとんど、部屋の中で毎晩、顔、手足、下身を分けて洗うのです。解放後になって、共同バスが建てられ、皆仕事のあとで一風呂浴びて帰れるようになりました。家族もそこの風呂を利用してよい事になっています。上層階級の住居やマンションには、全部、バスルームが取り付けられており、普通のマンション住みの人はシャワーをつけています。

編み物組を担当して、三年になった或る日、とつぜん隊長が言ったのです。

「今日から、この組全員皆靴下修理工場に入る。全員編みかけを、金黙玉のところへ持って行きなさい。二十分後にここへ、又集合」と。

隊長は、私に「この編みかけを出来るだけ早く編みあげ、そのあとで工場に入りなさい」といいました。私も大急ぎでそれを仕上げ、工場にとんで行きました。靴下修理というのは、機械からはずされた靴下に傷がある物を手でかがったり、模様の抜けているところを同じ色の糸を選んでおぎなう仕事です。これは、たいへん根気のいる仕事で、器用でないと出来ません。年寄りは、荒い糸で造ったもので、色も白しかできません。しかも爪先の両端とかかとの両側の角が、実にややこしいのです。これを習う者は、一週間も師匠（これも男の囚人が教えました）についてましたが、私が、すっとんで行った時は、もう講習は終わっており、隊長は、私を見て、

「あんたは、編み物が出来るから見ただけですぐ出来る筈だ。靴下をもらって空いたところへ行ってやりなさい」といったのです。ところが、セーターなどに、靴下の角のところのような編み方等全くありません。講習を受けた人もまだ分かってません。誰に聞

いても分からないのです。そうこうしているうちに手にした靴下はポロポロスルスルと縦に一列ずつほどけて抜けて行く、もう何が何だか分からなくなってきます。そこで、もう一方の靴下をほどく事になります——。こうして三足以上の靴下をほどいて（靴下の先の横のかがり線の角のところが、一番面倒なところ）やっと私は、はっきり編み方が理解出来ました。分かれば、簡単です。

でも、毎日毎日、細い糸を八時間、にらむのですから、私の眼は益々おかしくなりました。そこで、へそくりのお金で、老眼鏡を買ってもらう事になり、医務室へ検眼に行きました。

監獄の中には、立派な医務室と入院施設があります。その医務室の医者は主治医を除く他は、殆んどの科の医師が囚人なのです。しかも社会では相当に有名だった者が多い。彼等は「右派」とか、男女問題で法に触れた人達ですから、一目でインテリと分かります。

私を担当した医師も、検眼のあと、

「君は、なかなか良い名前を持っているね」といいました。たぶん彼は金姓が満州族の王族の愛新覚羅だということを知っているのでしょう。

「何いってるんだ、私をどんな人だと思っているんだ。なれなれしくするな」

と不機嫌になって、もう少しで検眼表を持たないで、出てくるところでした。医師は、

「フフーン、金默玉か」とつぶやきました。

大枚五元も出して、老眼鏡を一つ買いました。靴下の編み目がとてもはっきり見えて嬉しくなり、後生大事にいつもポケットに入れて持ち歩きました。

正式に入獄となってからは、毎月二元五十銭のお小遣いがもらえます。月一度の買い物も出来ます。毎月倹約して、そのうえ、甘い物を買うのに苦心しました。購入出来る品は決まっています。タオル、洗濯石鹸、粉石鹸、黒・白木綿糸、ノート、ボールペン、靴下、縫針、ちり紙等日用雑貨品が主です。食べ物では、砂糖、ドロップス、味噌豆腐、たまには、魚の小さな缶詰、コンビーフもありました。これは、高くて私には、買えません。それでも、毎月、私は、白・黒砂糖半斤ずつは許されるめいっぱいの量として買い、ドロップスも半斤買いましたが、これが一番高い物で、一斤一元二十銭です。

私は、主任に呼ばれて「思想報告」（自分のその時の思想状況、主として学習や労働を通しての感想で、もちろん自分の犯した罪と照らし合わせてその罪悪を認めるのが普通）をしろといわれました。私は、初めての事だし、何を言うべきか、分からないので、ぼんやりしていると主任は、「あんたは、今何を考え、一番何を望んでいますか？」と聞きましたので、私は、心の中で、「ナアーンダ、思想報告とは、こんな事だったのか」と思って「私は、別に何も望みはありません。ただ、甘い物が食べたくてたまらないのです」というと、主任の呆れ返った顔つきが、私にもはっきり読めました。彼女は、

「え？」

「本当です。私は、毎日甘い物が食べたくてどうしようもないのです。洗濯石鹸を見るとバターを想像し、粉石鹸を見るとお砂糖を思い食べてしまいたい程です」

「他に何か考える事はないですか」

そう聞きながら、主任は、何かノートに記入しました。私は、続けました。

「何もありません。ただ、甘い物が欲しいんです」と、繰り返すと、主任は何ともいえない顔付きで私をしばらく見つめてから、もう、戻ってよろしいといいました。

その晩、この事を買い物係の人に話すと彼女も呆れ顔になって、

「何だって？　思想報告でそんな事を繰り返したんですって？　そんなの監獄始まって以来、あなたが初めてよ。そんな事をぬけぬけと言ったのは」といって笑いました。

ところがです。次の月から、白砂糖と黒砂糖とドロップスが売られるようになったのです。

そのうち、中国に三年も続いた旱魃も過ぎて食糧は増え、副食は、だんだん良くなって行きました。ブタまんの時は、お茶碗（日本のごはん茶碗）ほどもある大きなのを一人四つも食べられるようになりました。中のお肉のあんはもれでるほどで、油が流れ出ているのです。私は、三つぐらいでもうお腹一杯でした。

もはや栄養不良などという人は一人もいなくて、皆まるまる太って元気です。ことに

女囚は、優遇されており、解放後、男女平等を唱える中国では女性の社会的地位をぐんと引き上げました。監獄の中でも、女性に対しては、出来るかぎり寛大な処置をとっていると私は感じました。

一九六六年頃、文革（プロレタリア革命）の運動がいよいよはげしくなった或る日、私達女囚全体の引っ越しが、行われました。これを機に私は、結婚して三年もたたぬうちに逮捕されたことを考え直し、十五年という長期の刑を下されてみるとどうしても離婚しなくてはと思いました。夫の娘（先妻の）に手紙を出して、監獄まで来てもらいたいと申し入れたのですが、娘が来て言うには、彼女の父親は、二度とも頑として拒絶したとの事です。どうする事もできず、そのままになっていました。

文革たけなわの或る日、とつぜん呼ばれて隊長室に行くと法院の人が来ておりました。南寧の法院から来たその隊長が示した書類を見ると、私が、先方から離婚を申し出された形になっており、ちょっと可笑しいとは思いましたが、毛筆で書かれた字を見てすぐ、娘の字だと気がつきました。今更つまらない事をせんさくしても始まらない、他人に影響さえ及ぼさなければもうどうでも良いと思って、私は、即座にサインをしました。というのは、前に彼の娘が来た時、

「父はどうしても、あなたが、帰るまで待つといってます。部屋もそのままにしておけ。決して何も動かすな、といってききません。ですから、離婚の話はもうしばらくしてか

らにしてください。父には、刺激が強すぎるようです」

といったので、彼の神経質な性格を思ってそれ以上いえませんでした。それなのに、こんなふうに事が運ばれたのは、彼の妹の主張だとすぐ思いました。彼の妹には一度も会った事はないのですが、私との結婚に反対していたといいます。けれど、彼女の夫にあたる人はとても良く私を理解してくれました。長い間外国にいた事のある人で前の奥さんは外人だったとかききました。英語もロシヤ語も上手で日記などは外国語で書いていたほどです。この人は、広西省の中央委員でしたので、始終北京に来てました。私よりも、馬よりも年上で、白髪の品格のある老人でした。

妹が、文革の波に巻きこまれるのを恐れ、兄を離婚させたに違いありません。何しろ私は王族出身で、親日派でしかも実の兄が亡命してしまったのですから、どれ一つをとっても反動右派のそしりをまぬがれないのです。「条件は？」ときかれた私は、「何もありません」と答え、速やかに手続きはすみました。

あとで、皆は、

「馬鹿ね、どうしてお金をもらわないの？　何もなくてでた時どうするつもり？」といいましたが、私は、お金の「か」の字も考えませんでした。彼の妹のような人が背後にいるかぎり、一刻も早く彼との関係を清算したかったのです。馬は、本当の芸術家で、他の事は何も出来ない人です。彼が妹の家で世話になっている以上、私は彼を板ばさみにしたくなかったのです。

しかし、その後監獄で、お正月に色々な物が、無制限に買える時、なるほどお金を少しもらうべきだったと思ったものです。この時になって初めて、私は、お金の価値が分かってきたのです。でも、やはり、私は、精神を物やお金より重く見ます。

離婚をして、本当に孤独になった私は、かえって身軽になりました。兄の子供達の事を考えても始まらない、自分の家も消失したも同然、私は何も考えない事にしました。ただ、何かにつけて思い出されるのは、日本での学生時代の事です。とくに思い出すのは一番仲のよかった親友の旦子ちゃんの事でした。どうしているだろう？　終戦後、どうなったことやら、幸せでいて欲しい。まさか、私のようなめにあっていないでしょうね。彼女には、私がどんなめにあっているのか等、想像もつきますまい——と心の中で思いを馳せておりました。

中国の学校に一日も行った事のない私にとって、思い出といえば、全て日本につながるのです。私は、まるで、異郷の地にいるような孤独感で日々を過ごしていました。自然に、口数も少なくなりました。話したい事は、日本に繋がりのある事ばかりなので、うっかり話そうものなら、又やられると思うと、救いは、ただ、一生懸命に仕事に打ち込む事でした。

日曜は、する事もないので、端布を拾って自分のお布団の裏地で作った袖なしブラウスにアップリケをして楽しんだりもしました。隊長が、それを見て「何で作ったの？」と聞くので、「端きれです。他の人が、捨てたのを拾って来たのです」というと「フーン」と、いつまでもみていました。

自分の家から、着る物が届く人は、囚人とは思えないいい物を着ているのです。夏になると、ワンピースをなびかせて、シャーシャーしている人もいました。

ところが、その年の夏から、一斉に制服になり、私は大助かりしました。白の半袖ブラウスに黒の上下、生地は木綿です。そして、それぞれに「労改」（労働改造の略）と白には黒字、黒には白字で、スタンプが押されてます。皆は、この制服にかなりの抵抗を感じていたらしいのですが、私は、大喜びでした。

その頃中国の政府は、囚人の教育として年に一度社会見学をさせました。貸し切りバスに乗って農産品展覧会などにいくのです。一般人と同じようにして見学をしますが、一人も逃亡者は出ません。帰ってから、感想を書かせられるのですが、これは大変有益でした。

私は、市内見学の際、以前に住んでいた家が、北京駅建築のため壊されたのを知りましたし、北京市内の変わりようも知る事ができました。

また、週に一度は、必ず映画が見られ、お正月や、国慶節には、続けて三日も芝居や服役者の演芸会、映画などと昼夜に二回見る事もあって、食事も御馳走続きです。野外舞台もあり、日曜には、バスケットボールや綱引きもできました。

しかし、日曜と入浴の時以外は外にでませんので、皆色が白くなります。しかも一週一度の映画は夜なのですから、日光に浴せません。

やがて、仕事はプラスチックのサンダル修理に変わりました。監獄の中にこの工場が出来たのです。時代が移り変わってくると、監獄の中の労働材料までモダンなプラスチックになるのかと私は思いました。型からはずされたサンダルには不規則な縁がついており、又模様の穴なども詰まっていたりしてますので、小さな小刀で、削り取る仕事です。

穴を削る人、縁を削る人、底を削る人と分かれ、その中で、靴全体のへりを削る役が一番むずかしい。底削りが一番易しく、傷もでません。私はへり削りの仕事になりました。

政治犯の人は、皆多少なりとも知識のある人なので、ほとんど、検査係とか保管係など、責任ある仕事をさせられていました。

毎晩、夕食がすむと、一時間ほど休んで、煙草を吸う人は廊下で吸い、洗濯や手紙を書いたりして、それから、学習が始まります。ふだんは、その日の新聞を読んだりして、各人発言するのです。学習の組長（各部屋ごとに一人）がこれをリードし、記録員が皆のいう事の大意を記録して隊長にさしだします。

女囚の中には、じつに、いやな人がおりました。もう五十に近いのですが、でっぷり太って色の白い、何か物をいう時はわざと口をすぼめてさも上品ぶろうとするのですが、私には却って下品に見えました。この人に告発されて逮捕された女医と、留置所で一緒だった私は、この人のエゴイズムと嘘つきなのはよくきかされていましたので、当初から信用してもいなかったのですが、なるほど悪い奴と思わされました。

ちょうど、彼女と同じ部屋のころ、私は、編み物組で、毛糸洗いをさせられていましたが、或る日、私は、セーター五、六枚分の毛糸が皆赤色だったので、一気に洗いあげようと終業後も洗濯場に残っておりました。もうすっかり日が暮れてうす暗い広い庭にある井戸端で毛糸をすすいでいると、宿舎の入り口の方で私を呼ぶ声が聞こえました。彼女がわざと大声を出して私を呼んでいる、もう見えすいた事です。彼女は私に関心を持った事がないのに「ごはんですよう——」と呼んでいるのは、隊長に聞かせるためだとすぐ、分かりました。つまり自分が生活面では、同室の者にいかに関心をはらっているか、知らせるためです。月末、シーズン末、年末の総結の時、優点のひとつとして、取りあげて欲しいからです。

私は、わざと返事をしません。彼女はとても臆病で暗がりを怖がるのを、私は知っていたのです。彼女は私が井戸端にいるのを知って大声で呼んだのにすぐかえってくるはずの返事がない。ひき返すのも具合が悪いと思ったのでしょう、少しずつ近付いてきます。何度めかの時、私はわざと、細い震える声で、「ハーイー」と答えると、「アラ、随分遠いところにいるのね、どこにいるのオー?」とききます。私はとっさに、「地獄だよー」と答え、近付いてきた彼女にいきなり、「オバケーッ!」と太い声でおどかしました。

ところがその夜、就寝のベルがまだ鳴らない時に、彼女はさっきの事は水に流したように、

「なんて、暑い夜でしょう」

と、近付いてきました。私は、水を飲みすぎて胃がとても張っていたので、お腹をさすり続けていました。

その翌日のことです。編み物をしていると、隊長が傍らにきて、ききました。

「昨日、あなたは、何時まで外にいましたか?」

「昨日は、暗くなるまで毛糸を洗っていました。親切ぶって私をよんでくれた人がいたのでおどかしてやりました」

「親切ぶるとは、どういう事ですか?」

「私は、あの人が嫌いです。いつも自分の事は棚にあげて他人のあらさがしばかりしています。昨夜の事もきっと、私がおばけを信じているとか、地獄にいるなんて迷信を口走ったと隊長にいいつけたのにきまってます」

「なぜ、地獄とか、おばけなどというのです？」

「フフ……おどかしてやろうと思っただけです」

「あなたは、ここをどこだと思って地獄などと表現したのですか？」

私はハッとしました。監獄を地獄にたとえたと告げ口されたにちがいありません。

「あら、変な結びつけかたをされてしまいました。あの人はこんな事ばかりに頭を使うのですね。本当にいやらしい」

「いやらしいですって？　あなたは、もっと虚心になって自分の言動を反省しなさい。他人に揚げ足をとられるのが、いやなら、もっと自分で注意し、周りへの影響を考えて物をいいなさい。それに、あなたは、部屋の中でお腹をまるだしにして、ポンポン叩いたりするそうですが、日本人の習慣をここへもちこむのは慎みなさい」

「わたし、一度だってお腹をまるだしにしたり、叩いてみせた事なんかありません。いやだわ。昨夜は、水を飲みすぎて胃が張って、さすっていただけですよ。隊長は、彼女をそんなに信用するのですか？　日本にだってそんな習慣はありませんよ」私が、反論すると隊長は、私をしばらく見つめて黙ってでて行きました。

彼女は、解放後、なんとかして国外へのがれたく、ソ連の人を利用して日本に行こうとしたのがばれて逮捕され、十八年の刑に服していたのです。

彼女は、日本時代に北京で日本人の商人の妾だった事があり、その頃着物を着て写した写真を自分の母親だといって公安局にもって行って嘘がばれたともいいます。その後、自分の刑量を軽くするため、沢山の人を告発したそうです。痔の手術をしてもらった女医を、彼女は秘密の手紙を衿に縫いこみ、ソ連の人に持ちださせたというような質の悪い告発もしたりしたときいています。女医の出身が、地主だったので、ついに逮捕されてしまったわけです。私はその女医と知り合いでしたが、女医の話では、彼女はそのソ連人を結婚する相手だといって紹介し、近く香港経由で日本に行くといっていたそうです。又女医は彼女の老母の病気を診た事もあり、母親の住まいが貧しく着ている物も粗末だったのでお金を取らなかったのに、まさか自分がこのような濡れ衣を着せられるとは思わなかったと、くやしがっていました。

この二人は、その後も何か事あるごとに、各自の正当性を主張して論争しておりました。私は、何年もの共同生活で、女医のほうに、真実性があると思え、もう一人の彼女はまれに見る陰険な人間に感じました。しかし、結果において彼女は十八年の刑期が十五年に減刑され、女医は無期懲役のままでした。出身が影響したのでしょうか。当時は、階級闘争が、強調されていた頃ですし、女医は、口べたで嘘のいえない女でした。とにかく、あの時代は、嘘が巧みであればあるほど、有利でした。こんな事ではどうなるのかと、私は心密かに憂慮しておりました。作業の結果も同じで、粗製乱造でも生産量の多い者が上にたっていました。口では、質をおもんじるようにいわれながら、実際に表彰されるのは、質はさておき数量の多い人間でした。

減刑や釈放になるのも下層、中層の貧しい農民出身の者ばかりでした。この事を見抜いた私は、決して「減刑」は考えない事にしました。

或る時、私は皆に推されて「労改積極分子」の候補者の第一人者になった事がありますが、主任がやってきて、黒板に書かれた私の名前をサーッと消してしまいました。そして、

「こんな出身の人間を、第一に選ぶなんて誰がやったんだ？」

というのです。それを、すぐ横で聞いた私は、

「ホラ、思った通りなんだから」

と、くるりと背をむけて、自分の部屋にもどりました。主任はさすがに、あまり赤裸裸に発言したのを決まり悪そうにしてました。

私は、シーズンごとの成績で、たいてい自分を二、三等にするようにしました。一等の時もありますが、出来るだけそれを他の人に譲りました。賞は、一等十元、二等七元、三等五元で、それぞれの通帳に入れてくれますが、現金は持たせません。

この頃から、私は、痔がひどくなりしゃがむ事もできません。毎日、腰かけて仕事をするのがとても辛く、いつも半分だけ掛けて我慢をしてました。腰の痛みは前のようにひどくはないが、長引いていつも不愉快な痛みが離れません。リュウマチもひどくなっ

て曇りの日や雨の日は、眼があかなくなるほど、ぐったりしてしまうのです。そんな日が三日も続くともう生きた心地もありません。作業場に医師が来ると、アスピリンをもらって日に何回も飲みました。いくらか、よくなるような気がするからです。晴れた日になると、嘘のようにリュウマチの痛みは取れるのですが、腰と痔の痛みは同じように続きます。そんな時、石炭運びでもあるともう、それこそ死にもの狂いでやるのです。私のパンティは、出獄するまでに、綿入れのように厚くなってました。一枚一枚とつぎをあててきたからです。それを干すと皆笑います。三日もしないと乾かないほど厚ぼったくなってました。今もこれだけは、記念に手元においてあります。

私の、身体はこんな状態でしたが、十五年の服役中、一週間しか休みませんでした。

或る日、いつものように、靴下修理の作業をしながら、頭が痛いと思っていました。その時仕事のみまわりに隊長が通りかかり、

「おや、あなたは、どうしてそんなに赤い顔をしているんでしょう」

と私の額に手を当てて、

「あれっ、これはひどい熱だ。すぐ医務室に連れて行きなさい」

と、同室の人にいいつけました。私は、高熱をだしている自分に気がつきませんでした。そういわれて、とたんにめまいがしました。身体を支えられ歩く途中、外にでて風にあたると、もう何もわからなくなりました——。

気がついた時はもう朝で、そこは入院部の一室でした。それから日に三度の注射と投薬の療法が続きましたが、不死身の私は、四日目にけろりと直ってしまい、翌日自分から要求をして、宿舎にもどりました。けれど、老眼鏡をかけるとやはり吐きそうになるので、宿舎で一日休み、ほぼ回復しました。そして、だるい身体は二、三日我慢したらすっかりもと通りになりました。これが、長い獄中の生活の一度の病気でした。

さて、その頃八回めの入獄だという人が私たちに加わりました。

彼女は、何か学習の後で、皆がその心得を書かせられると、いつもこう書くのでした。「もし、毛主席の偉大な人道主義がなければ、私のこの犬の頭は、とうの昔に首と離れてしまった事でしょう。私は、この恩恵に対してだけでも一生懸命労働を通して自分の思想を改造しなければならない。私は、自分の持っている限りの力をだして、その恩恵に報いなければ、各隊長の日頃の教育に対しても申し訳ない――」

どんな学習の心得も同じ調子で、必ずしまいに「私の犬の頭は――」がつくので、皆はどうせ又犬の頭だわと、彼女の壁報の前は素通りでだれも読みません。

日曜日になると、彼女は、自分のもち物から、じつに色々の物をとりだしては、直していています。まるで、博物館に陳列されている清朝時代のぞろりとした、長いてらてらした女物の「旗袍」（中国服）や、卸し問屋か百貨店で裁断して外にだす加工物のパンティなどちょっと一般の店では売ってないような物ばかりです。

「そんなら、このぞろりとした骨董品はどこで買ったの？」

「これ？　これは母さんにもらったのさ」

「あら、あんたの家は貧乏だといったじゃないの？　こんな物地主しか持っていない物だわ、又嘘をついているのね」

　というと、彼女はあわてて弁明するのです。

「嘘なもんかね、母の里は貧乏でも父は商売をしていたからこんなものいくらでもあったのさ」

　皆は、顔をみあわせて、口をゆがめました。後できいたところでは、その品物はみな委託商店からすってきた物だったそうです。どうして、没収されなかったのか不思議でした。

　ともかく監獄の中には種々雑多な人々がいたわけですが、お正月や国慶節などになるとこれらの人々が一体となって演劇をやりました。それぞれ自分達でテーマを探し、役をふりあてられた人や監督は、作業を休んで練習をします。たまたま字が書けるせいかこんな時、私は、いつも隊長からむりやり引っ張りだされて、やれ劇を構成しろとか、監督になれとか、おおせつかります。

　劇などたやすく書けるはずがありません。今思うとよくもまあ、図々しくやったと冷汗ものですが、あの時囚人達のレベルは低く、芝居まがいのものでも書ける人はいなかったのです。わずか、一週間ほどで、脚本を書き、台詞をおぼえさせ、ふりをつけるのですから大変です。しかも一番大切な条件は、演劇の内容が、政治的意義のある物である事なのです。

私は、「アメリカ帝国主義をテーマにしたら？」と、いわれてましたので、取り上げてみました。

一人をアメリカ大統領にして、もう一人は中国の人民を代表する者として対話させ、服装にちょっとした手をくわえ、大統領には面をつけました。この面も私が書き、逮捕された時はいていたズボンを穿かせてネクタイを端布で作りました。

思いもかけずこれが大当たりをして、それからというもの男囚の方でもこの方式を用いて、随分上手に演じるようになりました。

話は変わりますが、ここには、「楊」という同姓の人が、六人いました。一人は、真面目な政治犯でしたが、あとの五人は手におえない、それぞれ大変な人たちです。なかでも、老女と小娘の二人の回教（マホメット教）徒が、深く印象に残っております。

老女は文盲で、小娘は入獄してきた時やっと十七歳でした。小柄ですが、均整のとれた体格で、眼のぱっちりしたきれいな娘でした。初めの間は、いかにもおとなしく、黙っていましたが、馴れてくるにしたがって、不良娘の本質を見せ、なるほど、これでは逮捕も無理ないなあと思った次第です。まず、喧嘩好き。泣きわめく、人を罵るにかけては、朝飯前です。ぐれだすと、二日も三日も怠けて作業にはでないで、宿舎に寝ころがっています。罵りだすと、学習の時間だろうと、作業中だろうと平気なのです。全く手におえません。彼女は、自分は、都市貧民だから、いくら暴れてもこれ以上処罰される事はないと断言して、自分は、女囚の中で一番の美人だと自負しており、喧嘩をするたびに、相手の肉体的欠陥ばかりとりあげて攻撃する。ところが、隊長は、よりによって私のそばに、彼女を寝かせたのです。彼女は、作業でむずかしいところや、自分の家に手紙を書く時は、とても従順に私のいう事をきくのですが、すんでしまえば、掌をかえしたように、牙をむきだす感じです。私に向かって、

「資産階級出身の奴にろくなのはいないな、お前さんは字が書けるからって偉そうにするな。たかが、私よりインクを余計に飲んだだけじゃないかよッ。私は知識のない人間だから内部矛盾だけど、あんたは、政治犯の敵我矛盾（つまり、共産党との間をさして、敵味方の関係だという事）だよ」

私は、黙ってどこ吹く風とそしらぬ顔をしてますが、あまりうるさいと作業の邪魔になるので、はっきりいってやりました。

「もう、いい加減に無産階級の恥さらしはやめなさい。本当の無産階級の人なら、私と一緒に監獄にいる事ないでしょう。あんたは、無産階級からつまみだされた者、もう少し真面目に自分の事を反省したらどうなんですか」

この頃は、「階級闘争」ばかり強調していたので、都市貧民とか、貧農出身の人は自分がどんな悪い事をしても殺されないと、おかしな自信を持っている人が沢山いました。

さて、もう一人の老女は、入獄してきた日から、私の部屋に入れられました。その日の学習時間に、誰も催促しないのにいきなり話すというので、皆驚いて彼女をみつめています。彼女は、もともと相当に太っていたらしく両方の頰の皮はゆるんで垂れ、上まぶたもさがり、ショボショボした眼つきで、いかにもかしこまった物腰で、両手を膝の前に重ねあわせ、おもむろに、

「私の息子はコソドロで、私はコソドロの母親です」

といったので、今までの緊張していた空気は一度にくずれ、皆が吹き出してしまいました。彼女は、続けて悲しそうな顔つきで語りました。

「私は、息子の泥棒（実際は、スリをしてすってきたお金）してきたお金で買ってくれた豚の耳や尻尾を（皆は又笑ってしまいましたが、中国では、お酒の肴として、豚の臓物や耳、尾などを売っています）とても美味しいと思ってたべていました。又孝行息子だと思って喜んでいましたけれど、逮捕されてから、それは大変悪い事なのだと分かりました。これから私は、一生懸命自分を改造します。皆さん、協力して指導してくださるようにお願いします」

この二人は回教徒なので、食事は別の小さな桶にいれたおかずがくばられるのですが、

小娘は、食べる事にかけてはあまりいやしくありません。小さな桶は二人分とはいえ、実際には四人前ほどの量が入っています。回教徒は、豚肉を食べませんのでいつも食事改善の時は、彼女等は卵か牛肉でみなをうらやましがらせました。小娘は、食べる事では欲張りませんが、優先権はぜったいゆずりませんので、いつも食事の時は、彼女がまず自分の欲しいだけ先に取り、残りを老女に渡すのです。老女は、いつも彼女にへつらい、傍らでお碗を両手に持って今か今かと桶の中をにらんで動きません。すると、小娘は皆に聞こえよがしにいうのです。

「お前さん、本当にいやしいね、いつだってタンと残してあげるじゃないの、いやらしい、なんていうばばあだろう！」

老女は何をいわれてもお世辞笑いをしている。いったん小娘が、欲しいだけ桶の中をさんざん杓子でかきまわしたあと取り終わると、老女が、待ってましたとばかりそのちいさな桶をふところに抱きこみ、残りの全部を自分のお碗に山盛りに詰め込むのです。四人分は充分あるのに、小娘は悪口をたたきながら掻き回し、卵でも牛肉でもいいところを選んでせいぜい半人前ぐらいしか取らないから、あと三人分以上はあります。大きな鉄の杓子で、小さな木の桶の底が抜けるかと思うほどひっかいて一口も残しません。老女の身体は、みるみるうちにまるで、風船だまに空気をいれる時みたいに日に日に太ってきました。彼女は食べられるというだけで、監獄生活に満足しているようでした。

この人にとり、たしかに自分の家よりも良いようでした。とつぜん、田舎から来た囚人の中には、自分の家にかえりたがらない人もおりました。彼女等は、監獄の中で見聞を広め、技術を習い、毎日の学習から沢山の事を学び、皆から、衛生面の事も教えられ、たしかに向上します。

それに、もう一つ彼女等は、毎日三度の食事を自分でつくらなくてもすむし、自分の家より良い物が食べられるのです。作業はそれぞれの力に応じ、与えられ、無知無学の田舎出の人にはたしかに政府は、寛大に忍耐強く教育しておりますので、満期になっても帰りたがらない人がでてくるのは無理からぬ事です。

一方、私はこのころようやく十五年の刑の満期を控えていたのでした。

当時の私は、リュウマチや腰が痛むばかりでなく、痔も大変ひどくなり正座できません。毎日、木の腰掛けに半分お尻を乗せているだけです。今から思うとよく耐えたと思いますが、人間いざとなると忍耐強くなれるようです。

当時は、作業中にとつぜん、

「全員、作業停止！　外に出て石炭を運べ！」という命令がくだったりしました。二人一組で、外の石炭を中庭に運びいれるのですが、私は、身体中の痛みにかまっている余裕もなく、痔が痛いので歩けないなどともいっていられない。歯を食いしばって、命がけの気持ちで他人に負けまいと運びました。しまいには、もうすべての感覚が麻痺してしまいました。やっと、終わって洗顔などして休息の時間に大急ぎで、部屋にもどり、下着を取り換えます。ショーツもズボン下も、綿入れのズボンの裏まで血がにじんでいるのも珍しい事ではありませんでした。このようにして息をつく暇もなく、監獄での最後の正月がきました。

隊長は、私を呼んできました。

「あなたは、自分の後任者に誰が一番適任だと思いますか？」

「Bさんです」

何のちゅうちょもなく、私は答えました。読み書きはもちろん、忍耐と公平という点でもBに勝る人はいません。自分が苛められても他人を苛めない人です。それに、「生産を管理する人」と呼ばれるこの全作業場を司る仕事は、当人にとっても重要な成績になると理解したのです。

すると、隊長は、私を見つめたあとで、こう伝えました。

「あなたは、これから何も作業はしなくてよろしい、自分の服役期間の『総結』を書きなさい」

「総結」というのは、労働改造期間の自分の収穫と反省、それを優点と欠点に分けて感想を書く事を指します。

私は、毎日の仕事は、やり残しのないように努めていましたので、交代の手続きは簡単でした。

さて、私が「総結」を書くのは冬でした。昼間作業に出ると、宿舎はストーブを消してしまうのです。そこで、私は、れんが造りの長い廊下に三つしかないストーブの上に湯飲みをのせ、長い時間をかけて湯を沸かし、それで手を暖めて凍えながら筆を進めました。湯がさめかかると、又沸かしてこないと指がかじかんで書けなくなってしまいますから、能率はあがりません。十五年間もの長い「総結」ですから、どのように書いたら良いかとずいぶん考えましたが、労働、学習、規律の三部にわけて書く事に決めました。

思えば十五年、私は入獄してから、隊長に本当に叱られたり、処罰されたりした事はありませんでした。

たった一度自分の方から申し込んで隊長と話をした他は、他人の告発などをしに行った事もありません。

そのたった一度話しにいったというのは、小娘達の喧嘩があまりに頻繁で、罵り出すと学習時間だろうと何だろうといっこう平気で廊下でわめき続けたからです。

私は、隊長にいったのでした。

「監獄では政治犯が、刑事犯に悪影響を与えるというのが定説ですが、こんな調子では、いったいどっちが、影響しているのでしょうか？　もう、一週間もこんなふうなのです。

夜の学習なんか少しもしていません。政府の方で、考えていただきたいと思います」

隊長は、何も言わずに聞いていましたが、その表情で同感なのだと分かりました。私は、政治犯が白眼視されるのが、まったく納得できなかったのです。何か発言をすれば、思想が悪いときます。監獄にまできて、喧嘩をしたり、他人を陥れようとするのは、ほとんど全部刑事犯なのになぜ、政治犯ばかりを悪く言うのかと思っていたのです。

もっと、理論だった教育をして、貧下中農階級に彼等の階級にたいする知識を深めさせ、自尊心、自意識をたたきこむほうがいいと私は確信しました。彼等は、やたらに自分の出身をふり回し、貧下中農なら何をしてもいいと、間違った解釈をしているのが危険に思われたし、傍若無人の行動があまりにしゃくだったのです。

いよいよ、満期が近くなりました。一九五八年に四十歳で入獄した私はすでに五十五歳です。これはあとで知ったことですが、出獄を迎えた一九七三年といえば、「ヴェトナム和平協定」が調印され、また前年の中日国交正常化をうけて、一月に日本大使館が北京に設置された年でもありました。

満期を控えて、私は或る日一番年をとった隊長に呼ばれました。彼女は私に実に真実に迫る忠告をしてくれました。

「あなたは、ここを出たら、もう決して勝手に外国人と接触しないように注意なさい。いくら外国語が堪能でも、個人で勝手につきあっては、いけないのだと言う事を忘れないように」

この年老いた隊長の心からの助言は、嬉しくもありましたが、気持ちの奥には、ああ、やっぱり、私は親日家として逮捕されたのかと、少なからず空しさを覚えるのでした。が、何と言われようと、私の心に巣くう日本の友人への思いを忘れる事は出来ません。とたんに、一番の親友の面影が眼前にほうふつとしてきました。

もう、これっきり日本の友人には一生会えないのだろうか？　あんなに近かった日本が、今はこんなに遠くなってしまった……。思いに沈んだ私に、隊長の声が落ちてきました。

「あなたは、今後どうしますか？」

私には、もう帰る家もありませんし姪や甥とも連絡もとれてません。又、分かったとしても彼等の所へはもどる気になれません。私だって身内は恋しいし、彼等と別れたまま生きるのは、身を切られるように辛いと思ったりします。しかし、全力をつくして育てたにしろ、彼等に迷惑はかけたくありません。父親は日本に亡命し母親は日本人だというだけで甥や姪は今頃は苦労しているだろう。そこへ、監獄がえりの叔母が加わったのでは世間の圧力はさぞきつくかかるだろう。そう思うと、図太く構えて彼等のもとに帰ることなど、私にはとうてい出来ませんでした。だから、私は、決断するようにきっぱりといってしまいました。

「仕事につきたいと思います。自力更生で、自分の力で生きていくつもりです」

こういったものの、どんな仕事について、どんな場所で、どのような環境におかれるかを考えたわけではありません。それがどのくらい、つらいか、激しいものかも、もちろん思ってみませんでした。

「やはり、身内のところへ帰った方がいいのではありませんか？　そうのぞむなら、政府の方からも連絡してあげますよ」

「お心づかいありがとうございます。でも、私は、帰りません。どこか仕事をみつけていただけないでしょうか。長年、政府の教育を受けた私ですから、自分の力で生きていける自信はあります」

いよいよ、明日が満期という日、再び私は老隊長から呼ばれました。

「政府は、あなたの希望を汲んで色々考慮しましたが、やはり、天津の農場が一番適していると思われるので、明日、そこへ送っていってあげます。しかし、もうじき旧正月なので、隊長達は、皆忙しく送って行ってあげられません。旧正月が過ぎるまで待ってもらうつもりでしたが、それでは一人であまりにも寂しいでしょう。ですから、男の隊長に送らせます。そのつもりで、準備にとりかかりなさい」

私は、胸のうちで、「もうこうなったら、誰だっていい、どこだってかまわない、これから、一人で生きて生活をしなければならないのだ」と、いい聞かせながら、

「ありがとうございます」

とだけいいました。

準備をする事など何もない、風呂敷包み一つ、布団巻き一つ、洗面器や食器入れの袋が一つ、それが私のもっている物の全てです。出獄する時は、隊長に所持品を見せるのですが、日記はもう焼いてしまいました。

正真正銘の無産階級になった私は、身も心も軽々としてました。最後の一年間で切り詰めて貯めたお金は、四十四元四十銭でした。そこへ、中年の隊長が来ました。そして
「何か要求する事はありませんか？　忘れ物の無いようにもう一度よく調べなさい」と
まじめにいうので、私は、

「これだけの引っ越し道具です。忘れようにも忘れる物がありませんわ」

といって笑いました。

隊長も笑いました。そして、

「出る時着ていくものは？」

と聞き返しました。

ここで、私は、はっと気づいたのです。外は冬なのに私には、綿入れもオーバーもありません。そこで、慌ててお願いしたわけです。

「ああ、そうでした。要求を申しあげます。この着ている綿入れ一そろいと夏の単衣を

新旧二揃いください」

さて、着る物の心配は解消しましたが、皆は、「労改」とスタンプの押してある衣服はおかしいといいだしました。当番のお婆さんは、大急ぎで、布切れを探して来て、上着一カ所とズボンの前後二カ所の「労改」マークの上から縫いつけてくれました。私は、

「出獄に当たって又つぎ布をもらいました」

といったので、皆が笑いました。

第十一章　農場での生活、そして再婚

私には、全く何の感慨も湧きませんでした。いつもと同じ朝がきて、いつもと同じ気持ちのまま、外に出て、そこで待っていた男の隊長に紹介されて車に乗りました。

その日、雪がかなり積もっていました。車はえんこしてしまい、隊長達が降りて押しましたが、動くと又えんこを起こすので、ギリギリ一杯の時間で、やっと汽車に乗れました。

ああ！　何という久し振りの汽車でしょう！　私は、又、学生時代日本と満州、華北を往来していた頃を思いだしていました。不思議に解放後北京、天津を往復していた時の事は思わず、いきなりパッと日本が脳裏にひらめくのでした。移り変わる窓外の景色を見ながら、色々の事に思いをめぐらせました。その年は、大雪の年でしたが、新しい環境との闘いに備えなければなりません。どうしたらよいのか、私ときたら、マフラーも手袋もなしで冬を過ごそうとしているのです。列車内の事は何も見えませんでした。

というより、私は外ばかり見ていたらしい。雪が多く、白一色の世界でした。私は、「これからの自分はこの景色と同じで、白紙にかえって、全て初めからやり直すのだ」という気持ちが一杯でした。

お昼近くになったのか、隊長が、大きな丸パンを二つ持ってきてくれましたが、食欲はありません。

これからどんな仕事をするのだろう？　農場はどんなふうだろう？　と色々な事が頭をかすめますが、それよりも、十五年の空白と実社会をどのようにつなげばよいのかと考えました。

北京から天津の茶淀というところまで約二百四十キロだそうです。

私には、もう帰る家はありません。甥や姪には、私が独立してから会おう。一目会いたいなあ、どれくらい大きくなって、どんな生活をしているのか知りたい——でも、自分で生活を支えてやっていける日までは、絶対に会うまいと決心しました。日本にいる長兄は心配してくれてるかもしれない、その子供達の養育を託されたのに責任を果たせなかった……。

それから、一番会いたいのは日本にいる親友の旦子でした。今なら彼女の素姓を明かしてもいいでしょう。旦子は現在国会議員の小坂徳三郎夫人なのです。彼女なら、全てを理解してくれるにちがいありません。今、現在、天と地ほどの差ができていたとしても、分かってくれるはずだと思えました。会いたい思いがこみあげ、一杯にひろがります。私は小学校から大学まで日本の学校で学び、全ての思い出は日本とつながっているのですから。

大学は、名ばかりで、戦争に出会いめちゃめちゃになりました。この時代の親友はただ一人、ハワイの二世の方でしたが、とてもやさしく親切な人でした。でも、戦争でおつきあいは、ほんの短い期間で引きさかれてしまいました。今でも彼女の思い出に心が暖まります。

学習院で過ごした期間はちょうど一番純真な多感な年ごろです。旦子との友情は、まったく自然に芽生えたもので、理屈抜きのなかよしなのです。ことに、私は、自分の家を離れており、兄や姉も日本にいる者もおりましたが、旦子は、唯一の心底からの親友でした。どこが好き？　何がよい？　ときかれても答えられませんが。

旦子のお宅へはたびたび遊びに行き、ご両親にもお目にかかりました。わずか短い時間でしたが、鷹揚で、大きな包容力のおありになるお父さまと、美しくやさしいけれど一脈の厳しさを感じさせるお母さま。私はお二人が大好きになって慕ってしまい、前よりいっそう旦子が好きになったのです。このご家族は、一生を通じて忘れる事ができません。彼女のお母様の旦子に対する教育方針にも深い印象が残りました。私に自分の家を思いださせるものが沢山あったのです。

私達は、私が、帰国してからも文通していたのですが、終戦と同時に音信不通となったのでした。

「また、会えるかしら？　いつになったら会えるのかしら？　こんな調子がいつまで続くのだろう？」まったく、頼りない思いで一杯でした。旦子が、私の現在を知ったらさぞ驚くでしょう。想像さえできないだろうな、東京は、大変だと聞くけれど大丈夫かしら？　旦子は英語が達者だったななどと考えているうちに、だんだん今の立場にいら立ち、私は怒りに燃えるのでした。

汽車は、とうとうだだっぴろい畑の中にある小さな駅に着きました。わずか二、三分の停車です。降りて見ると、駅は、小高い坂の上にあり、その急な坂の下にある農場から、迎えがきておりました。車は、三輪トラックでした。隊長が、

「あなたが、金黙玉ですか？　荷物は自分でもたなくてもいいよ」

と運転手に持たせました。

雪どけの晴天に、見渡すかぎりの広い畑が厚い雪におおわれています。私は、小さな三輪トラックに乗ったのですが、座る場さえありません。その車は、石炭を運んだばかりで、黒い粉と雪どけの水が混じってドロドロな状態です。運転手は、小さな木の腰掛けを一つくれましたが、荷物は、そのままどろんこの上にころがすよりありません。

そのとき、ばたばたと七、八人の人達が走ってきて車に乗ろうとしました。中に子供

をだいた男がいて言うのです。

「この寒い中でもう一台車が来るのを待っていたら、この子がこごえてしまうんだ。乗せてくれ」

でも、誰も返事をしません。私はたまりかねて、

「子供をよこしなさい」

とその子をむりやり自分の膝の上に抱き込みました。父親は、

「ありがとう、ありがとう」を繰り返し、自分はだれかの荷物の上に座ろうとしました。

すると、女の甲高い声がして、

「他人の荷物の上に座らないでよ！」

といいます。

私は、全く呆れて、思わず大声で命令するようにいってしまいました。

「私の布団包みの上に座りなさい」

「でも、これは布団でしょう。これ以上汚しては大変ですよ」

と彼がまごまごしていると、ドッドッドッと車は走り出し、彼は転がり落ちそうになりました。

「早く座りなさいったら！　人間一人こぼれたら、もっと大騒ぎになるよっ！」

私の勢いに押され彼はやっと座りました。

寒い北風の中を私はオーバーも手袋もマフラーもなしで、今さらのように厳冬の思いをかみしめました。子供の顔を私の胸におしあて、風をよけたのですが、この子は人見知りもせず、じーっとおとなしく抱かれていました。車は、走り続けるのですが、なかなか到着しません。二、三人の人が降り、又しばらくすると又止まり、今度は父親と子供が降りました。子供を渡したとたん、ひゅーっと北風が、私のふところの中に吹き込み、ぶるっと身ぶるいをしました。両手を互い違いに袖口の中に入れ、かがみこむようにして、こらえて我慢です。やっと、めざす農場に着きました。運転手が、荷物を宿舎まで運んでくれましたが、誰もいません。空いている寝台が一つあって、それを、他の寝台の間に無理に入れたのだという事がわかります。寝台は、三十センチ幅の板四枚でした。

「そこが、あなたの場所だから荷物をかたづけなさい」

と言って男の隊長は、出て行きました。

そこへ、三十そこそこの女が入って来ました。じろじろと私の頭のてっぺんから、足の先まで思う存分眺めてから、

「私についてきなさい」

と前庭の方に案内してくれましたが、その途中「あんたいくつ？」とか聞くのです。

「もう、五十をすぎたわ」

「へえー、見えないわ。すこしもそんなに思えなくてよ、色も白いし、皮膚もたるんでないわ」

私は、彼女の大げさな驚嘆ぶりと言葉が、初対面にしては、あまり不作法なのに呆れてしまい、その後何をきかれても黙っていました。

隊長室から、女の隊長が綿入れのオーバーを羽織って出てきました。すらりとした身体つきのそのスタイルはちょっと素敵でした。三十でるかでないかの若いきれいな隊長です。私を案内した女は、又不作法な表現で、隊長に向かってしゃべりました。

「この人いくつに見える？　五十過ぎだとさ。やっぱり監獄の方がいいね、風に当たらなくてもすむし、こんなに色白でいられるもん。私なんか、毎日外で日焼けして、雨風にさらされて老けちまってさあー」

いいかげんな事をしゃべってないでもう行きなさい、と隊長は彼女を追いやると私にいいました。

「たった今、『檔案』（政府で作る個人の履歴書、本人は見る事ができなく、転勤の度についてまわり、そこの政府側から当人の経歴と賞罰や評価が記入される）を拝見しましたが、評語は大変良いようですね」

私は、そんな物が存在するのさえ考えはしなかったし、ただ驚きました。あの監獄に入れられて十五年！　良いも悪いもあったものじゃない。こんな事を真っ先にいう隊長をまともに見ませんでした。

「どんな仕事をするんでしょう？」

「皆と一緒に出て行けばいいのだから、心配はいりません」

私にとっては、この方がはるかに気になるのですが、隊長の説明は、あまり要領を得ず、その後続けて言ったのは、宿舎に帰って休みなさいという言葉でした。

部屋は、一部屋に七人用のベッドが置かれてます。それも、中国式の一番粗末な物です。ベンチのような二つの台に板を載せて敷布団を敷くのですが、寝台の間隔は約一メートルほどで、そこに、めいめいの荷物が置かれています。小さなサイドテーブルが二個だけあって、棚もタンスもありません。大部分の人が果実を入れる大きな籠をベッドの傍らに置いており、部屋の中ほどにストーブが一つありました。他に何もありません。トランクを持っている人なんかほとんどいません。よく見ると皆のベッドは、とても幅が広いのです、こんな狭い部屋になぜこんなにベッドだけダブル幅の広さをとるのかわかりませんでした。この事からも、私は心密かにこの部屋の人間全体が、相当なエゴイストだと感じ、なじめませんでした。

午後五時半ごろになると、外でがやがや人声がして皆が戻ってきました。真っ先に飛び込んできたのは、監獄にいたCでした。私と同じ作業場ではありませんでしたが、噂の人物でした。白系ロシヤ人と中国人の混血で凄い美人なんです。小柄だが、身体のバランスもよく、眼のきれいな女なのに、どこか品がありません。中国語、ロシヤ語、日本語がわかります。日本時代の満州で、軍人相手のホステスだったらしく、使う日本語がとても品がないのです。ハルビンよりもっと北の小さな町の洗濯屋の娘だそうですが、母親は白系ロシヤ人といわれ、革命後、ソ連から追い出されて中国人と結婚したらしいのです。

彼女は、金銭におそろしく執着を示し、虚栄心も強い。美貌を利用して金持ちの息子と結婚し、始終大使館の随員達と往来して自分の家でダンスパーティ等を開いていました。ところが、こんな事は、戒厳令まで敷かれていた北京では、とても許されぬ事で検挙されてしまいました。留置所でおとなしく自分の非を認めればよかったのですが、認めないばかりか、審判官までなぶるので、とうとう十年の懲役になってしまったという訳です。彼女は、私を一目見るなり抱きついてきて、百年の知己の如きふるまいでした。冬の寒い北風に連日さらされて、監獄にいた頃よりずーっと老けて見え、身なりもみすぼらしくなっておりました。そして、小さな声でささやきました。

「お金あるの？」

「ある筈ないじゃないの」

「あなたは、まず、お砂糖を買わないと駄目よ。それからレインシューズと蚊帳……」

「お砂糖はいらないわ、レインシューズだけは、買わないとね」

「あなたは、まだ監獄の後遺症が残っているのよ。ここは、お金さえあれば何を買ってたべてもいいのよ」

というのです。私は呆れてしまいました。

私の傍らに寝ている人は、大学卒の大柄な美人で、あだ名が「大美人」というのです。もう一人は、「黒牡丹」と呼ばれ、この女は長年の病気で、一日も労働に出ない。四人目は、とてもすさんだ感じで、夕食の時は一人で酒を飲みます。しかもコップ酒ときてます。五人目の人は、ヴェトナムから来たといい、監獄で一緒になった事がありますが、首が短くすくんでいるように見え骨格は男のようです。六人目は労働組長の四十過ぎのおばさんです。天津の出身で、小柄な身体に眼玉ばかりぎょろっとして、見るからに貧相で分別のなさそうな顔付きでした。

組長は、高飛車に私に命令するのです、

「工具倉庫に行ってシャベルを持って来なさい」

というふうに。

彼女は、ヴェトナムの首すくみに対してだけは、とても当たりが柔らかく他の人はどうでもいいらしいのです。

朝がくるとCは私を連れて倉庫に行き、シャベルを一個もらってくれました。それから、皆の集合している場所に行きました。組長が説明します。

「今日は、六丘へ行って雪運びをします。二人で一組になって、籠と天秤棒を持ち、シャベルはそれぞれ責任を持って使ってください」

まだ、言い終わらないうちに、皆は籠と棒のあるところへ走って行き、それぞれ、選び取ってきました。私は、初めてなのでただ見ていただけでしたが、隊長が来て首すくみと組むようにいいつけました。首すくみは籠を背負い私は、その長い一メートル五十センチ以上もある棒をかつがされ、雪道を彼女のあとから歩いて行きました。生まれて初めて棒をかついだわけですから、その重い事ったら！　肩から上にだし過ぎると自分がつんのめりそうになる、前の方に下ろし過ぎると歩けなくなる――、まだ、レインシューズも買ってない足には、雪が入り込み、靴も靴下もぐっしょり濡れて冷たい。一番後からのろのろ一歩一歩大変な難儀をして行ったので、皆とも大分離れてしまいましたが、誰もとがめる人はおりません。やっとの思いで着いた場所は、三十センチ以上も雪が積もったぶどう畑でした。この雪を灌漑に利用するので、畑の外まわりの雪をどんどん畑の中に積みあげるのです。

ぶどう畑は丘に分かれており、一丘八列か十列の長い縦列です。一列の長さ二百三十メートルです。ちょうど、半分の所を横断して溝が掘ってあります。これは「排灌」と呼ばれ、丘と丘の間にはもっと大きな溝が掘られています。この大小「排灌」の中の雪は深く積もって、丘の両端の狭い通路とほとんど平面になっていました。見渡す限りの雪の中に、四角なセメント柱がたくさん立ってます。まるで墓標のようですが、よくみると柱と柱の間に太い針金が張られており、その間隔も決まっています。私は、初めての事ばかりで何が何だか分かりません。そばの人が、

「これは、ぶどうが掘り出された時しばりつける針金なのよ。柱と柱の間は七メートルと決まっていて、その間に六本のぶどうが植えられているの。来年の春になれば分かるわ」

と教えてくれました。

一緒に運ぶ人は、ヴェトナムのどろぼう学生ですが、彼女は、わたしより三年ほど早くからここへ来ており、相当に人気もあるようでした。でも、私と組ませたところから察して、きっと彼女の労働力はたいした事がないのでしょう。彼女は、モッコの前の方をかつぎ、私に後ろをかつげといいました。籠の中は、シャベルで叩きつけながら入れた山盛り一杯の雪がつまっているのですから、かつぐとなった時、その重さには参りました。やっと、歯を食い縛って担ぎあげた時、彼女はさっさと歩きだし、それも一番狭い通路に入って行くのです。ひょろつく足をふみしめてついて行くのですがこわくてたまりません。溝に落ちないかとはらはらして、

「もう少し、ゆっくり歩いてくださらないかしら」といいますと、

「だめよ。これ以上ゆっくりできないわ、皆におくれちゃうじゃないの」と、まるで、

意地悪そのものといった言い方です。

「エエイッ、どうともなれ」と、思った時、いきなり太い針金に顔をぶつけてしまい、涙がこみあげるくらい痛い思いをしました。どうしたのかと、よく見ると、一番端の列は十メートル間隔で斜めに針金で杭に引っ張ってあるのです。雪の反射でこの針金が近くまでいかないと見えなかったのです。彼女は、さっさと頭を下げて通りすぎ、私にはわざと教えてくれなかったのです。

「アッ！」と私が顔をおおうのをふりかえって笑っています。思想改造、思想改造と毎日のように教育されていたはずなのに、十年（彼女は十年の刑でした）たった現在、まだ少しも改まった様子はありません。しみじみ、自覚の無い人間は恐ろしいと思いました。

その日、宿舎に帰ると私は、ベッドに横たわり、もう、動きたくない、動けないと思うのでしたが、やはり食堂へ自分でご飯を買いにいかなくてはなりません。ぐずぐずしていると晩の学習が始まってしまいます。私は、痛い身体をむりやり起こし、来た日に買ったチケット（主食とおかずの）を持って前庭にある食堂へ行きわずかな物を買い、一気にお腹に詰め込みました。皆が湯を汲んで身体を洗っておりましたが、私は、それどころでなく、ただ、寝そべるだけでした。

夜は、七時から九時まで学習でした。うわの空で学習をすませ、又、痛む腰をひきずり湯を汲んで、冷えきっている手足を暖め、身体をふいてやすみましたが、翌朝、起床のベルが鳴ってもなかなか起きられません。身体中の骨がバラバラになったようで、やっとこさで半身を起こし、下に降りようとしても足が動きません。そこで、両手で足を持ちあげ一本ずつベッドの横から垂らし、まるで重病人が初めてベッドを離れる時のような恰好で降りたったのです。

こんな調子で、一週間頑張りました。そうしているうちに、どこかの劇団が廻って来て、管理所の広場にある約千人収容できるホールで芝居が行われる事になりました。私は、とてもそれどころではなく、宿舎で一人休んでいました。

そこへ、例の混血児が入ってきて誘いました。

「ねえ、お芝居を観に行きましょうよ」

「そんなものみる気力もないわ、一人で行ってちょうだい」

「もう、場所もとってあるわ。さあ、行きましょう。ね」

こんなに、誘われて一人でくさっていると思われるのもいやです。不承不承一緒にでかける事にしました。ホールは約三百メートルくらい離れていました。

私は、面白いとは少しも感じない芝居を、おつきあいの気持ちで観ていたのですが、私の傍らを人が行ったり来たりし、子供達は泣く、大人はわめく、席のとりあいで喧嘩をする等、何の秩序もありません。舞台の下でも芝居をしているような感じがします。

もう、耐えられなくなり、トイレに行くと嘘をついて先に出てしまいました。

私は、一人で、柳の並木の間を歩きながら、又、旦子を懐かしんでおりました。再会できるだろうか、子供をかかえて、東京の生活は大変ではなかろうか、思いは、堂々めぐりを繰り返します。暗い夜道の怖さも忘れて思いにふけったあげく、最後はこれも運命だと甘んじようと思うのです。

翌日、仕事にでると、昨晩の芝居の話や喧嘩の事で話に花が咲いてます。私は、運動靴がまだ乾いていないので、とても冷たく感じて仕事を続けていました。

すると例の混血児が、わざわざ皆の中から後戻りしてきて、傍らへ来て話しかけました。

「ごぞんじ？　あなた」

「何を？」

「あら、気がつかなかった？　ゆうべホールの入り口で、なぜ後ろの方の男達が総立ちだったかってことをよ」

「知らないわ、気にもとめなかったもの」

「あらあ、鈍感ね。あれはね、みんな、あなたを見るためなのよ」

これを聞いて、呆れてものもいえませんでした。何という馬鹿気た事をいいだすのかと思うとさらに、追い討ちをかけてきます。

「そうなの。もう、あなたが、来る前から農場では評判になっていたの。金璧輝、川島芳子の妹が来るって。ゆうべ農場の人達が芝居見物にやって来たのは、あなたを見たかったのよ」

私は、監獄でも何処でも、自分の口から私の家の事を一言も話した事はありません。これは、何も恐れているからではなく、○○の娘とか、□□の妹などという目で見られたくなかったのです。それが、何とここまできてまでもやはり切り離す事が出来ない……。私は、泣きたいほど自尊心を傷つけられてしまいました。

しばらくたった或る日、仕事の帰りに女隊長と二人だけで歩いていますと、彼女が私に聞きました。

「どうですか？　ここでの生活は？」

「ここの人間はとても複雑ですが、風景と空気はとても素敵です」

と、答えたところ、隊長が又ききました。

「あなたは、結婚をする気はありませんか？」

「隊長までが、そんな事をおたずねになるのですか？　そんな事全く考えた事もありませんわ。ただ、自分一人の部屋が欲しいと思います」

「あ、そう。ここではね、結婚しないと家がもらえないんですよ。ここは、家屋が少なくて、一人で一軒というわけにはいかないんですよ」

と隊長はいうのですが、一軒といっても一部屋しかないのです。ただし、薪を積むところや、台所用の小屋が与えられるので、かろうじて一軒になるわけです。独身者は、私のいるところだけでも二十人以上になります。もし各自個室という事になると、たしかに部屋が足りません。――これでは、一生寄宿舎の団体生活をしていなくてはならない――と心が冷えきっていく思いでした。

団体生活は、本当に大変なもので、一日として穏やかに仲良く過ごせた日はありません。

たとえば或る朝、起床のベルと同時に、「黒牡丹」が、ヴェトナム人に向かい、

「この頃、私が、ろくな人に会わないのは、毎晩あんたが、靴を私の方に向けて脱いでるからなんだわ」と言い出しました。相手も、

「そこに脱がなけりゃ、どこに脱ぐのさ、いい場所教えてちょうだい」とやり返しました。それから、一年も二年もさかのぼっての事をめぐって喧嘩です。

「黒牡丹」は、農場に来てから数えるほどしか労働にでないで、病身を口実にぶらぶらしているのです。小学校の教師だといいますが、少しも教育者らしくなく、やれ、やかんの口を自分に向けたからいけないとか、夜子供の夢を見たから、よくないとかいって周りの空気をかき乱すのです。

「大美人」の方も負けず劣らずの女です。眼をさますとすぐ、

「あ、早く早く、誰か時刻をいってみてえ」と騒ぐので、もの好きな人が、「丑の時」とか「子の時」というと、指折数えて、「ああ、今日は駄目ねえ、凶とでてるわ」とか「大吉だあー」といった調子でした。

　この二人の「美人」は、仲の良い時は一緒になって他人をいじめ、それぞれ不利な事態がおきると、手の裏を返したように大喧嘩になり、みっともない事をあばきあうのです。

　もう一人、アルコール中毒だった元ダンサーは、夜中に起き上がり、引き出しをガタピシャ鳴らして小さなお酒の瓶を探して瓶のままごくごく飲みます。その後で、ガタンと引き出しをおしこみ、部屋の反対側にいる私にも聞こえるほど大きな音をたててベッドにひっくりかえると、一分もしない中に、凄いいびきをかきはじめ寝言と歯ぎしりが交わるのです。

　この人達の中には、監獄で満期になって送られて来た者、直接留置所から、送られて来た者、「教養隊」(割合、軽いコソドロやスリ、喧嘩等初犯の若者は、ほとんどここで、二、三年教育を受ける、監獄より自由。しかし、再犯となると、正式に逮捕となる)から来た人達です。ほとんどの人が、小学校卒業程度で、教育を満足に受けていません。「文革」の十年間に学んだ完全に間違った人生観が、固くその人達を包みこんでしまい、余程の事が無い限り、自分ではもうその殻から抜けだせないのです。嫌というほど間違った「階級闘争」で教育されたのですから、貧下中農民であれば、何をしても良いと考えているのです。

私は、どんなに「文革」が中国人民に広く根強い損害を与えたか、つくづく感じました。しかし、その頃、四人組はまだ倒されてません。心ある者は、陰でごく少数の親しい人と愚痴をこぼすくらいのもので、決して人前ではいいません。

私は、益々無口になりました。しかし、私は、肉体労働には、少しも嫌悪感を持ちませんでした。この機会を利用して、自分を、鍛えようと心密かに誓いました。

私は麦と草の区別もつかず、今まで自分が毎日食べたり、着たりしているものが、どのようにして出来たのか知りませんでした。知っていても表面だけの事でした。

麦や綿が、どんな季節、どんな土地で、どんなふうに種をまかれ、それが、育つのにどれだけの時間がかかるか、私には関係のない世界でした。でも今、私は人間は自分の両手で、働いて生活を築く事に心から共感する者です。

監獄に入ってから、あんなにたくさんの初めての体験があり、あのように多くの事を学んだのだと思うと、物事は自分の受け止め方によって有益とも無益ともなるのだと思えました。もちろん、「運命」としか考えようのない事だってありますけれど、それすら、ある程度自分で切り開くべきものではないでしょうか。何事も「運命」に押しつけたら、それは、自分で「運命」に負ける事だと思います。

農場の自然の景色と空気は、本当にきれいでした。文学かぶれでもあった私は、かつて「大地に親しむ」などという言葉が好きでしたが、その頃は土いじり程度で大地に親しんでいるつもりになっていました。

農場に来てからは、シャベルや鋤、なた等を毎日持つようになり、仕事は皆大地と切り離せません。私は、益々教えられる事が多くなり、毎日何かの収穫が必ずありました。

冬は、ほとんど、肥料の集積でした。まず、豚小屋の前庭にある囲いから作業の始まりです。豚の糞便と雨水が混じって厚い氷になっているのをツルハシで割り、籠に入れ担いで傍らの道路の片側に積みあげるのです。

一人が積み、二人が一組になってかついで運びます。一塊は、百斤以上の重さがありますし、底の方はぐちゃぐちゃで、積む人は、上手に形よく積んでいかねばなりません。その上、毎日、検査係の幹部がきて、高さ、上幅、下幅、長さをはかって行き、形が悪いとなおされるのですから、この仕事が、嫌われるのもむりからぬ事でした。

私は、最初、運び役でした。ヴェトナム学生と組むはずでしたが、組長が、酒飲みダンサーと組むように変えてしまったのです。彼女は、私が、力がないのを知っていて、わざと、大きな塊を、籠に二つ入れようというのです。反対すると、意地悪そうにいいました。

「これくらい、かつげなくて、お前さん何をしにここにきたのさ」

「どうしても、二つ入れたいのなら、他の人とやりなさいってば」

私の応酬に皆は笑って喜んでます。結局小さいのを二つにしようと妥協して、さて、かつぐ段となり、相変わらず、私が後方で、天秤をもちあげ歩きだすと、前の彼女はわざと籠が左右に揺れる歩き方をしました。

「ちゃんと歩けないのっ！」

私が、叱りとばしたら、彼女は、籠が、地につかない中にどん！　と天秤棒を外してしまいました。棒は上にはねあがり、落ちてきて肩をひどく打ってしまいました。思わず、

「どうしてこんな事するのっ。何をしようっていうのよっ！」

と、詰問してしまいました。

「これくらいがどうだっていうの？　気にいらないとなぐるぞ！　本当に」

「なぐれるなら、なぐってごらんよ」

いきなり、彼女は、積んだ肥料の山に力一杯私を押したので、私は、氷の塊につまずき尻餅をついてしまいました。やったなと思った瞬間私は、どろどろに解けている肥やしを一掴み彼女の顔をめがけて投げました。顔のどまんなかとはいかなかったけれど、顎、首、肩に豚の糞が一杯くっついてしまい、彼女は大慌てに狼狽しました。他の人達もあぜんとしてしまい、笑いもしません。

私は、立ちあがるとさっさと二百メートルぐらい離れている隊長室に歩いて行き、

「K隊長！　出てきなさい！」

とどなりますと、ただならない気配を察した隊長が出て来ました。

「隊長、酔っぱらいを取り締まるのか、放っておくつもりなのか言ってください。もし、処分しないのなら、もう、後の責任は持てませんから勝手にやります。そのおつもりでお願いします」

「いったい、どうしたっていうの？　そんなに興奮して、落ち着いて話してごらんなさい」

隊長の言葉で、少し怒りを鎮めた私は、又豚小屋へ戻りました。

ところが、翌日、組長がいいつけました。

「今日から、あんたは、肥やし積みをしなさい」

仇討ちだとすぐ分かりましたが、一人でやる仕事なら、少し辛くてもいいと思いました。仕事場に着くと、前日終業とともに投げだした彼女等のやり方に相応しい形で、肥やしの山の傍らには、積んでない塊が小山のように散らかって氷りついていました。まだ、その小山をかたづけおわらぬうちに、もうその日の分が運ばれ始めました。

しかもいつもより早くからです。

組長は、字も読めないし、労働の組長にしかなれません。読み書きソロバン何も出来

ないので、学習の記録係とか、他の係のご機嫌を損じるのが怖く、いつも下手にでて、その人達のいうなりです。この事だって、皆の仕組んだ意地悪というわけなんですが、そんな事は承知の私は何もいいません。私は、シャベルが大きすぎて使いにくいので、手袋の厚いのをはめ、手でやる事にしました。

だいたい、十時を過ぎるといくらか気温が上がってきます。地面に凍てついているドロドロしたものや細かい塊は、その時、シャベルで削り落とせば良いのです。皆は、私が手早くかたづけるので、自分達が急いでも疲れるだけなので、又、ノロノロし始めました。

午前と午後に三十分ずつの休息があり、それだけの時間で、汗は引き、又外に出ると、冷たい湿った肌着に、北風が遠慮なく吹き込むのです。私は、休んだ後、腰と腕が、かえって痛み、十五分ほどは、思うように動かない、そこで、皆が休んでいる時も外で、運んできた分を積んでしまう事にしました。もちろん、帰りも遅く、ぜったい翌日に残すようなやり方はしません。三十分くらい遅れて帰るのは、何でもないし、手足も自由に動かせます。翌朝、凍てついてしまった物を掘るよりよほど楽でした。皆が、居残り残業をする馬鹿、とあざ笑っても一向に平気でした。氷の塊の手ごろなのを手に取って、適当なところに投げつける事にしたらとても早くなりました。

そこへ、測量の隊長がきあわせたのですが、皆は一斉に、私が手でやっているのを報告します。

「この人は、肥やしを積むのにシャベルを使わないで、手で作業しています」

「えっ？　どんなふうに？」

「大きな塊は、シャベルでは、持ちあげられません。手頃な大きさのは、シャベルで掬うのに時間がかかるんです。だから、片手でぶちつけています」

「ひとつ、やって見せて下さい」と隊長にいわれ、手頃なのを取って、

「どこへ投げるのですか？」私が聞くと皆は、ここ、あそこ、と騒ぎます。隊長は、笑ってちょっとへこんだところを指し、

「ここに、投げてごらん」といいました。

「エイッ」と投げる、ピタッとそのへこんだ所にはまる、又一つ！　ピタッ！　もう一つ！　ピタッ！　もう、みんなで大笑いをしました。

「ぬるぬるしたのは、どうやって投げるの？」

という意地の悪い質問には、こう答えてやりました。

「同じよ、外側に少し土をつければ、穴埋めにちょうどいいのよ」

そして、半分解けかかっているつきたての餅のようなのを掬って、少し乾いた土を表面にまぶし、

「見てなさい。その隙間に入れるわよ」

といって、パッと投げたら、今度は、ピタッとではなく、ボテッとはまり込んだので、隊長は笑いころげてしまいました。

　四月の終わりか五月の初めごろになるとぶどう畑の掘り出し作業が始まります。大地の表面の枯れ草の根をシャベルで削って、これも積みあげるのです。又この間に葦刈りもします。冷たい凍てついた泥池の中に立って一株一株を鎌で倒し、手頃な束にして堤の上に運ぶのです。体の芯まで突き抜ける冷たさです。こんな事が一応終わると、農場でいう「三大戦役」（ぶどうの掘り出し、採収、針金からはずして幹を地下に埋める埋蔵）の第一戦役、即ちぶどうを地下から掘り出す仕事が始まります。これを「出土」といいます。これに対し初冬の頃ぶどうの幹を地中に埋める作業を「埋蔵」と言って「出土」よりも骨が折れます。前年の秋のぶどうの列に沿ってその長い幹とつるを横に倒し、小枝は、編んでおさえつけ、列と列の間の通路の土を溝型に掘って、その土で埋めるのです。ぶどうのつるや幹は弾力があって、なかなか編めません。大変な力が要ります。さらに、小枝は絶対に折ってはいけない、土はその一番高い所より、十センチ以上の厚さでかぶせなくてはいけません。ぴんと跳ね上がっている小枝は、線香の一本立ちといい、なかなかかぶせる事が厄介で骨がおれます。この「三大戦役」仕事は、家人や、知人に手伝ってもらっていいのですが――既婚者には主人が、他の農場の友人も応援にきます――未婚者の若い女達には大勢の青年達がきます。ぶどうの畑の割り当ては、一人二列でした。一列二百三十メートルですから、合計四百六十メートルです。

私は、一人きり、友人も家族もいないのです。

隊長は、「出来るだけやればいいのですよ」といいました。

私は、いわれなくても、出来るだけしかやれないに決まっているわ、と思いました。

作業後、皆が帰ったあと、私はよく土手に寝そべっていました。そして、誰もいない畑の中で大空の夕焼けを見ながら、大声で、「夕焼け小やけ」から始まって私の好きな日本の歌をうたい、遠い遠いところになってしまった東京を思い、旦子に思いを馳せるのです。まさか、こんなところで、私が、寝そべっているなんて、どうしたって想像できないでしょ？　今、どうしているの？　と問いかけながら、心の中で泣いていました。歌い疲れるとしかたなく、帰るのですが、もう日暮れて道は暗くなっておりました。そして、宿舎に入ると私の心の扉は固く閉まってしまいます。

やがて今度はぶどうの袋掛けが始まるのでした。この袋は、冬の間、特に旧正月の五日間続く連休の時、義務労働として、皆で作るのです。新聞紙の半面が、一つの袋となり、百枚一束にして倉庫に納めます。袋掛けの時期になると、一人一日千枚掛けるのが、決められた数ですが、手の早い人は、日に、二千枚も掛けるというので、私は、又、びっくりしてしまいました。

自分で、倉庫へ行きその日の分をかかえてくる、他の人は車を借りて、二人分か三人分を積んで宿舎まで引っ張ってきます。私は、最初は、掛け方さえわかりません。すると、組長が、せっぱ詰まった前日になって、初めて説明しました。

「首から掛ける新聞袋と藁紐をいれる前掛けを作らなくては駄目よ」

と、自分のを見せて、早く作るようにせかすのです。

私は、翌日、両ポケットに藁紐を一杯詰め込み、新聞袋五束（五百枚）を抱えて出ていき、初め手を慣らすため、他人を真似てかけ始めました。まず、藁紐を一本抜きだし、口にくわえ、それから新聞紙の袋の口を開け、筒状にして（この袋は底無しです）ぶどうの房を下から上に掬いあげるようにして掛け、袋の上の口をくしゃくしゃにしわをよせて握り、あいてる手で、口の藁紐を取り、後ろから前へと袋を縛ります。この順序がスムーズに早くできるよう上達しなければ、能率のあがる筈がありません。一秒一秒の連続が大事なのです。私は、練習に練習を重ね、終業後も一人残って星がでて、あたりがすっかり見えなくなるまでやりました。

そうやって、やっと、日に八百枚掛けられるようになりました。私は、内心喜んで帰路につくと、途中で、向こうからやってくる隊長に出会いましたが、彼女は驚いたように質問してきました。

「どこに行ったのですか？　どうしたのです？」

「今、仕事からの帰りです」

「えっ、こんなに暗くなるまで何をしていました?」

「なにしろ、初めての袋掛けなので、手が遅く練習をしていたのです」

「で、どのくらい掛けましたか?」内心、恥ずかしく数を教えるのはいやでしたが、仕方がありません。

「こんなに、遅くまでやってもやっと八百枚です」

思いがけない事に、隊長は、

「ちっとも、少なくありませんよ。よく頑張ったわ」というではありませんか!

もう、八時からの学習時間になっていたので、大急ぎで、宿舎に戻り、手足と顔を洗って、学習室に行きました。すると、隊長がわたしのした事を紹介して話すのです。

「金黙玉の態度をご覧なさい。彼女は、皆の中で、一番年を取っていますが、何をさせても不平がましい事はいわないで、自分の出せるだけの力をだしてやり、質のいい仕事をするのは、皆が承知の事です。この真面目さは学ぶべきです」

けれど、私にとってこのような話は、かえって迷惑でもあったのです。その後で、必ず意地悪をされるからです。でも、心境としては、自分の力を試しながらその日その日を充実して暮らせればもう、何も望みはありませんでした。

袋掛けの期間は相当長く、我慢してなんとか半月程は過ぎましたが、とうとう両手の掌全部の皮がむけてしまい、血がにじみだしました。これは藁草に化学肥料がついていて、私の皮膚がそれにとても弱いからです。夜は、痛くて眠れません。ひりひりするので、湯の中におそるおそる入れると少しはよくなるような気がするのですが、乾くにつれて又凄く痛みます。私は、掌を上にむけて、両手を支えたまま、夜どおし座っているより他どうしようもありません。朝になると医務室に行き薬をもらいましたが、この水薬はつければつけるほど悪くなる一方でした。

私は、もう諦めてそのまま痛みを我慢し、一週間ほどして掌の皮が薄く張り出した時、手袋をはめて、又出勤しだしたのです。袋掛けはもう終わり、今度はりんごの根元に化学肥料を埋めるため数十センチの穴を掘る仕事に変わってました。痛む手を思いきってシャベルの柄にあて、歯をくいしばって握りました。シャベルから手を離さないように掘り続けます。最初の十分くらいは、骨身に応える痛さですが、それを通りこすと麻痺してしまい、何ともありません。しかし、「終業！」という声が聞こえて手をシャベルの柄からはなしたとたん、飛び上がるほど痛むのでした。宿舎にもどって軍手を見ると掌は血でどす黒くなってます。外そうとするのですが、貼りついて取れません。しかたなく、湯にそろりそろりとつけて、やっと手袋を外しましたが、手の薄い皮はぜんぶ剝がれてしまいました。

翌日も我慢をして出て行きましたら意地悪な組長は、私に一番固い外側の土を掘りなさい、と命令しました。ついに私は、これまでいった事もない事をいわなければなりませんでした。

「私の手の痛みはひどいんです、奥の柔らかい土のところと変えてください」

「何ですって？　皆が変えてほしいといったら、この固いところはどうするんですか？あんたは、自分が『三類分子』である事を知らないのですか！」

組長のいったこの「三類分子」というのは、政治的分類で、反革命分子を三類とし、刑事犯は二類に属します。彼女等は、優越感をこんな事で表して私を苛めますが、ふだん私は、聞こえない振りをしていました。

でも、この日ばかりは、かんしゃくを起こして、思いきりいってやりました。

「三類がどうしたっていうのさ。私は、国法に触れたかもしれないが、お前さんたちの法にゃふれちゃいないんだよ。あんたは何類ですか？　二類じゃありませんか？　刑事犯で、泥棒根性じゃないですか？　それと比べたら、三類の政治犯は人格高尚だわよ。今日は、手が痛いからっていってるのさえわからないのかね？　今迄こんな事いった事があったか考えてごらんよ。組長をおそれていると思ったら大間違いよ。読み書きも出来ないくせにいばらないでほしいわ。本当の労働改造って何だか、あんた知ってるのかね？　労働者がいばるのが労働改造じゃないよッ」

一気にまくしたてられて、彼女はくやしがって叫びました。

「場所を変えて欲しいなら隊長のところへ行きなさいよ」

「隊長がどうした？　隊長でおどさないでっ！　私は、あんたのような泥棒と違って隊長なんかちっともこわくないんだからね」

といってシャベルをかつぐと、さっさと隊長室に行きこの事を隊長に話しました。隊長が、

「その手を見せてごらん」

といいますので、片方の手でパッと片方の手袋をはがしました。血がすーっとにじみ、掌は真っ赤になっています。隊長は、

「アイヤオ！　どうしてこんなにひどくなっているのに出勤するのですか？　医務室には行きましたか？」

「薬をもらいましたが、つけるとかえってひどくなるので、もう行きません」

「それじゃ、もう帰りなさい。手がよくなるまでやすんでよろしい」

「組長が、承知しません。彼女は知っているのに、わざと、固い所を掘れというのです」

「組長には、私から話しておきます。かまわずに、帰って休む事ね」

私は、それから、一週間ほど休みました。

やがて、季節は、秋となり、「採収」といってぶどうの採集が始まります。これは、前にお話ししたように、農場の「三大戦役」の一つです。採収したぶどうの房は、どの房にも「緑豆」といって青い小さな固い実がついてます。それを落としてから籠に入れ

るきまりなのですが、籠の下には、もいだままのぶどうをそのまま入れ、上の一段だけ奇麗に並べて紙をかぶせだしてしまう、このずさんなやり方で、能率をあげる人がいます。大勢の人に手伝わせて、一日一人当たり十八籠のきまりを七十二籠というレコードを作った人もいました。

さて、そうこうするうちに一年の見習いが終わり、二年目に入りました。私には、やはり農具の修理や鎌研ぎなどはできません。畑にしゃがみこんで一生懸命修理をしなければなりません。この様子を男達が見て同情し、いろんな人が結婚を申し込んできました。私には団体の寄宿舎生活のつらさが身にこたえました。農場にきた人達は、結婚すれば一軒の家を与えられるので、家につられて結婚してしまうらしいのです。私は、何度も隊長に個室が欲しいと頼んだのですが、隊長は、

「ここでは、結婚しないかぎり、家は与えられない規定です」と答えました。私も、もし話し合いの上で先方が私の条件に同意する人がいれば、家がもらえて静かに二人だけの生活ができるなら、結婚してしまおうと思うようになりました。もはや、北京などに帰れる望みはありません。文革の最中は過ぎても、その余波で就職口なんかとてもみつかりませんから、私は一生この農場で暮らすより他にどうしようもないと分かったのです。

四人組が倒されてから北京には、それまで農村に「下放」（思想改造のため農村に追

いやられ肉体労働につかせること）されていた学生や右派といわれた人達がもどってきて失業者だらけだから、以前に勤めていた所のある人は良いとして、私のように勤め先が解散している場合、就職はむずかしいと聞かされていました。

私が、慣れない肉体労働に疲れきっているのを見て、或る日、一人のインテリの男性が仕事の帰り道に私をまちぶせて、

「どうですか？　この間話のあった人にもう一度会ってみませんか？」

と、唐突に切り出しました。かなり前、私は一人の人物を紹介され、農場の売店で会ったことがあるのです。まるで、田舎の農夫然とした男で、太陽のまぶしさに顔をしかめてこっちをみていました。私はそれが、私の結婚相手だと分かると、くるりと背をむけて帰ってきてしまったのです。友人は、私の高慢な態度に呆れたそうです。相手の男は、全分場でも有名な人で、小麦栽培の技術員としては第一人者だというふれこみでした。

私は、「何が、第一人者か、あんな間の抜けた顔をして、技術もへちまもあるものか。一目でまっぴらだ」と思いましたので、それっきり気にもかけていませんでした。いくら家が欲しいからといって、おいそれと結婚する訳には行かないし、無理にいやな人と顔を突き合わせて暮らす必要もないと思いましたので、もと通り一人で働いていたのです。

ところが、忘れかけたころその話がぶり返されたというわけです。

「あなたは、彼の顔もろくろく見ないでさっさと帰ってしまったそうですね。話ぐらいして見てはどうです？　先日の男性は、たしかに、信用のできる品行方正な人だそうです」

私は、一言も物をいわず黙っておりました。すると彼は、

「あなたは、昔の環境やレベルでこの事を考えては駄目ですよ」といい、もう一度考えなおすようにすすめました。

私は帰ってから、彼の言葉を繰り返し考え、たしかに、昔の環境やレベルじゃとても駄目だと、いまさらながらに気がつきました。結婚する、しないはさておき、物事に対する考え方を改めなくてはと気がつきました。私の中には、やはり、抜けきってないものがある、これでは新社会にとてもついて行けない……。彼の言葉には含蓄があり、さすが、インテリだと思いました。

それでも私は、例の男性に積極的にあいたいという気は起こりませんでした。が、二、三日するとインテリの彼が私の仕事場に来て、相手の男性と会う約束をさせて行ったのでした。

「明日、当人を連れてきますから、会ってください」

私は、翌日は日曜日でする事も無いし、彼の親切にあまりぶっきらぼうというのも気

がひけるので会う事にしました。変なところで、気位が高いと誤解されるのも嫌だったせいもあります。内心は、会うだけなら何度会ったって構わない、どうせ駄目だからと思っていたのです。インテリの彼の知人の家で、正式に相手を紹介されました。驚いた事に、インテリの知人はすごく礼儀正しく挨拶をして、椅子に腰掛けても、両足をそろえ、手を膝の上にちゃんとのせて実に品のいい話し方をする男性なのです。私は、本当に十何年ぶりで、上品な人に会いました。ところが、当の相手ときたら、いかにも田舎じじいという様子で、私に向かって一言も話しかけないのです。そこの家の三つくらいの坊やを抱いて、ポケットから、飴をとりだしてあげたりしてます。

私は、なんて言うことだ、ろくに話題もない人じゃないの、話にもならないわとインテリの知人とばかり話し続けておりました。するとインテリの彼が傍らにきて、小さな声でいうのです。

「どうです？　次のデートの日を決めたら？」

「もう、けっこうですわ」

と、私は笑い断ったつもりだったのですが、私の笑いを遠慮がちな肯定と取り違えたらしい彼は、相手の男性に向かっていいました。

「今度来る時は、金さんに使いやすい小さなシャベルを作ってくるんですね」

そして、二人で意見交換をしてみたらと付け加えるのです。これは、とんでもない事

になりそうだと私は思い、

「私は、これから畑に行って、昨日のやり残しの仕事をしなければなりませんから、又、次の機会にでも――」と、立ち上がりました。すると紹介者の男たちは相手の男性に向かって、

「ちょうどいいじゃないですか。一緒に行って手伝ってあげなさい」と、上手に隙をついて言葉をはさみます。

するとと、相手の男性は早速立ちあがり、私の後についてくるではありませんか。諦めの境地を覚悟した私はさっさと手押し車のあるところへ行き、その中の一台を引きだして畑にでて行きました。相手のじいさんときたら、手伝うどころか、私の手から車をとって押そうともしません。傍らで、ついて来るだけなんです。心で「この馬鹿者」といってやりました。

畑に着いて、前日かき集めたままで、まだ運びだしていない雑草を、ぶどうの行内から運んで車に積もうとすると、彼はいきなり私の手からシャベルを奪い、

「草はこうして積むのです」

といいながら積み始めました。私は、黙って見てましたが、内心では、

「そんな事知ってライ。何もお前さんに教えてもらわなくったってイイヤイ」と小馬鹿にしてました。

でも、たしかに彼はその道のエキスパートで、一台の車に嫌というほど積みました。なるほど上手だとは思ったけれど、私はそしらぬ顔でほめもしなければ、感心もして見せませんでした。彼が積み終わると、もうそこには草一本残ってませんでした。「こんなに積んじゃって、重くて引っ張る事もできゃしないわ」と私が文句をいうと、彼は、「どこへ、捨てに行くのですか？　私が引っ張って行きますから教えてください」といいます。この発音で、彼が、上海人である事が分かりました。彼は、私が先に立って歩いて行くのに、重い車を軽々と引っ張ってついてきて、五十メートルほど離れた草を捨てる所で、シャベルも使わず上手に車を押しあげ、一度で捨ててしまいました。その時になって、私はかなり彼に感心をしている自分に気がつきました。

少しも気取りのない点と仕事をする時の真面目さにひかれたのです。私が一人でやるなら、三往復は必要だったのに、一回でおしまいでした。

もうする事も無いので、私は彼をそこから少し離れた土手に連れて行き、べたっと大地に座って、ここで話をつけようと決心しました。彼も座り黙りこんでいます。私は、おもむろにいいました。

「率直に話しますと、まず、私は何も取り柄のない人間である事を知っていただきたいと思います。第一に出身が非常に悪いのです。私の家は、地主も地主の大地主です（自分が清王朝の王女だとは、さすがに口にできませんでした）。第二に現在の私は、一文のお金もありません。財産もです。第三に私は、女工の中で一番年寄りで、労働力もありません。何も出来ない人間です。第四に私は、少しも美人ではありません。私が、結婚するただ一つの目的は、家が欲しいからです。集団寄宿生活がいやだからです。この全ての条件の上にたってあなたは、お考えになるべきですわ。私は、別段、無理してまで結婚する気は毛頭ないんです。その事もはっきりこの際申しあげておきます」

彼は、おそるおそる私の顔を見ながら聞いていましたが、思いがけない事に私が、言い終わったすぐあとで、このように答えたのです。

「私は、これらの事については、何とも思いません。私としては、老いてからお互いに助けあう相手が欲しいだけです。この為の私の条件というのは、双方とも連れ子がないという事です。私が見てきた経験では、継父とか継母というのは、子供のためにも親のためにもうまくいかない例が多いと思ってます」

ここで私は、彼を見直しました。そして、瞬間的に決心しました。この朴実さで、もうすべては我慢できると思ったからです。さらに続けて彼は、

「私もお金はありません。ずいぶん働いてきたのですが、まさか、結婚できるとは思っておりませんでしたから、少しも貯めませんでしたから」

といいました。

「何もお金のために結婚するのではないんですから」と私はいい、ここまで話して二人

はたちあがりました。

このあと、彼は、本当に小さなシャベルと「人民中国」の日本語版を持ってきました。私が日本で学んだことを彼はもちろん知っていたからです。何と久し振りの日本の文字なんでしょう！　案外気がきく人だと、私はまた彼を見直しました。

二ヵ月ばかりたって、私も彼の分場へ遊びに行きました。驚いた事に私が来たというので、そこの男工（そこには家族としての女工はいるが、未婚の女工はおりません）は、総出で迎えてくれ、隊長まで、「アイツの女友達がくる時は、誰も彼の悪口をいっちゃいかんぞ。長所だけいうんだ」と命じたそうです。特に彼等独身宿舎の人達は大喜びで、いろんな事を話してくれ、皆で昼食の用意をしてくれました。

前の日曜日に行くなんていっておきながらあまり疲れてしまい、自転車もないので私は勝手に一週間延ばしてしまったため、彼は失望し皆もとても同情して彼が私に振られたのだと思いこんでいたのだとか。食事も用意万端整えて待っていたそうで、「大地主出身の女が、お前のような人間と結婚するものか」と皮肉をいう人がいたりして、彼は相当傷ついたといいます。

その日彼は、私を途中まで送ってくれました。私は自転車を借りて行ったのですが、農場の交通機関はもっぱら自転車です。夜になれば、バスはありません。道のりは、中国里の三十里もあるのに、彼は私の宿舎の囲いの正門まで送ってきて帰りました。

途中、私は、彼に話しました。

「あなたの分場へも伺ったし、あなたの事はよく理解したつもりですから、ご都合がよければできるだけ早く結婚しましょう」

「私もそうしたいのですが、もうしばらく待ってください。なにしろ、今のところ、七十元くらいしか持ち合わせがありません。せめて、もう少し貯めないと――」

「お金なんか必要ないじゃありませんか。二人ともこんな年で、いまさら何の準備も要らないでしょうに――」

彼は、この事をいうのに、いいにくそうに語りました。

次の日曜日は、彼は友人と共に、魔法瓶を二個ぶらさげてやってきました。

「これは、新婚祝です」といったのですが、その友人のよくしゃべる事、ひっきりなしのおしゃべりに、宿舎の仲間は、その人が私の相手かと間違えたほどでした。本当の相手は、あいかわらず無口です。いつも黙って傍らに座っていて、何か食べ物をすすめると、遠慮なく音をたてて食べます。おかしな男だとは思いますが、気取りがないので許せました。

彼の友人の説明によると、結婚の登記をする前に、指導者に報告をして許可を貰わないといけないのだそうです。結婚式も僕らのいる農場でしてほしいと、まるで自分の事のように興奮をして、口に泡をとばしてしゃべりまくって帰りました。

私は、彼がまず許可をもらってから、報告をだす事にしましたが、仲間達は指導者の許可は早くて二ヵ月かかると教えてくれましたから、のんびりと構えておりました。

ところが、三日目に、彼とお喋りの友人が、許可書を持ってやってきたのでした。私が、ぼんやりとそれを見ていると、組長が、

「私が、隊長に届けてあげるわ」

と、これもまた我が事のように興奮して走り去りました。しばらくすると、組長は息もきれぎれにとびこんできて、私の結婚許可書をヒラヒラさせてまくしたてました。

「下りた！　下りた！　本当に驚くじゃない？　隊長は、待ってなさいと言って、自分でさっさと管理所に行って、すぐ証明印を押して戻ってきたのよ、こんなに、早く許可が下りたなんて聞いた事もないわね」

部屋中の者も、

「ヘエー、全くの例外だわ。そりゃ」

「これじゃ、準備をする暇もないじゃない？」

「どうして、この人だけこんなに早いのかしら？」と、大騒ぎでした。私は少しも実感がわかないし、まるで、他人事のようにしか思えないので、平然としていると、

「あなたって、落ち着いた女なのねえ」と呆れた様子でした。私の結婚相手のつれてきたお喋りの友人は、

「電光石火ですね。素晴らしいじゃありませんか！　結婚の日どりはいつにしましょうか？」

と興奮しています。

「来週で、いいですよ」と私は答えました。

結婚当日の朝、私の花婿となる彼は、私を自転車で迎えに来ました。式の前日に、例のお喋りの友人と、大工の娘がきて、町へ買い物に行きました。彼は、私に、五十元を渡し好きな物を買うようにといったのですが、私は、何も買う気はありません。その頃、出はじめたばかりの流行の上着を買ったらと、大工の娘は薦めるのですが、私は、安い五元の木綿のガブガブした大きめの上着を一枚買っただけで、もうあとは何も要りませんでした。

私は、彼に、初めから言ってありました。

「もし、あなたの面子にかかわるのなら、結婚衣装を誰かに借りてもいいのです。結婚するための沢山な借金など馬鹿な事はしないでくださいね」と。

ところが、大工の娘は、どうしても革靴を一足買いなさいといってききません。そこで、仕方なく、八元ちょっとする靴を買い、残ったお金は全部彼に返しました。

さて、彼にむかえられて、待望の我らの個室に入ってみて、私はびっくりしました。誰もが、一部屋しかもらえないのですが、その部屋はとても小ぎれいにして、ベッドの周りの壁にはグリーンのビニールが張られ、壁には墨蹟鮮やかに毛主席の詩を書いた書が掛かっていました。もう片面の壁には、皆から送られたお祝の言葉や詩が、赤い紙に書いて張ってあります。机の下の大きな籠には卵が、山盛り一杯入れてありました。私が、グリーンが好き、卵も好きといったからです。詩など張ったり書いたりしたのは、私の出身と日本留学のインテリだからだそうです。

その日、周辺の三つの村の人々は、一人残らず出て来てくれ、私は握手だけで、手が痛くなったほどです。彼は、その分場のナンバーワンという事でしたが、当日の様子を見て私は嘘ではないことがよく分かりました。分場長や中隊長までも、出席してくださり、政府側の代表として中隊長が祝辞を述べましたが、終わるとすぐ、彼は、「もうすみましたか？　あなたがいると窮屈ですよ。さっさと帰ってください」と無遠慮にいったりしました。私は、呆れて大急ぎで出て行き、その中隊長にていねいにお礼を申しあげました。あとできけば、その中隊長は皆に嫌われている人なのだそうです。

私は、見様見真似で、薪をくべてご飯を炊く事を覚えましたが、夫ほど上手には炊けません。彼は、ほとんどの家事を受けもってくれました。最初は、どう見ても気にいらない人だったのが、つきあっているうちにだんだん理解出来て、まわりの人達にとても信頼されているのだと分かりました。

また私は、自分が中国人でありながら、中国の普通一般の人達の生活をあまりにも知らないのに気がつきました。中国の一般家庭の生活、お付き合い、友情や義理人情は、本当に暖かなものです。彼の周りの朴実な人達の言葉少なく行動で表す友情のやさしさと誠実さに私は、心からの温もりを感じました。私にはたくさん、学ぶ事がありました。

彼等は貧しくて、色々見聞する機会もなかったのは、社会の問題です。お金がなくて、学校に行けないだけではなく、家の労働力として子供のころから働くのです。女の子は七つくらいから、もうご飯炊きをさせられたりします。

こういう事実を、私はこの眼で見て、深く感動を覚えました。彼等と自分の感情の違和感は、私の方が「改造」すべきなのだと思いました。私は、高等教育をうけた恩恵は否定しません。ただ、中国人として、自分の祖国に対する知識がなさすぎるのです。

私達の生活は、物質的に本当に貧しいものでした。

しかし、別に、辛いとも思わず、相変わらず一生懸命に働いていました。一ヵ月たって、月給をもらってきた時、彼が懸命に計算を始めたので尋ねると、結婚するとき、独身宿舎の友人達が十元ずつだして、計百二十元を集めて彼を助けてくれたそうで、この「会」のため、毎月十元を返す事になっているのでした。私達二人の月給から生活費をさし引いて、もし多ければ一元でも多く皆に返そうとしていたのです。こんな事も初体験で、私は感動しました。

こういう日々のなかで私は考え抜き、その結果とうとう十何年も音信の絶えた、日本にいる兄に手紙をだす決心をしました。主人となった彼にも知らせず、住所は、十何年も前の所に出しました。主人にいわなかった理由は、万一手紙が届かなかった場合、失望させたくなかったからです。

この農場には、解放後孤児院を出て、泥棒をしたために逮捕されたという経歴をもつ三十に近い娘がいました。彼女は規律も守らないし、労働もしません。誰の家にも自由に出入りして、幹部だろうが、工人だろうが、外地に回された人の留守宅だろうが、その家庭の事情やプライバシーに精通していました。皆が、チヤホヤもてなすので、まるで、農場の「顔」のように振る舞っていたのです。

当時、まだ口紅など出回っておりませんから、赤い紙をなめて、唇を死んだねずみをたべたかのように真っ赤にして、変なスカートをはき、象のような太い足を出して、ドシン、ドシンと大地を踏みしめるようにやってくるのです。そして、「ソドドシラソ、ソソラシドー！」と歌いながら大きなお尻を振って踊りだすので、皆は仕事にならず、大笑いになってしまいます。隊長もどうにも出来ません。この娘が、私にまといついて離れませんでした。

或る日、私が、畑で仕事をしていると、この娘がどら声を張り上げてやってくるではありませんか！

「オオーイ、金さあーん。手紙がきたよーっ」

私は、もう三ヵ月もたっていたので、あきらめかけていたのです。日本は、遠くなったなあとわびしさで一杯だったのです。でも、手紙をだした事は誰にもいいませんでした。それに、当時の私には、まだ公民権がありませんでしたから、出す手紙も届く手紙も検査されるわけです。まして、国際郵便であればなおの事です。

娘は、息をはずませ、私のところへ駆けつけてきて、

「ほら、日本からだよ。兄さんからだよ。何が書いてあるか早く読んでごらん」とすでに、開封された手紙を渡しながらせかせます。私は、手紙を開き最初の一行を読んだとたんもう、後の字がかすんで見えません。自然にまったく自然に涙が頬をつたったのです。人の前で、絶対に涙は見せない私でしたがこの時ばかりはどうしてか、自分にも分からない涙が流れました。人に見られないように、じーっと我慢をしてその涙が拭けないのでした。拭いたらあとからあとから涙は湧きでることだろうから。私は、手紙を読んでいる振りをして、頭をさげたまましばらくそのままでおりました。

兄の手紙は、このように始まっておりました。

「手紙を受け取り、本当に『悲喜交加』だ。私は十六年の間チャンスある度にあなたを捜していたが、何の手がかりもえられなかった。あなたの手紙は転々と六ヵ所を廻って私の手に入ったのです。この十六年間に私は、六ヵ所住所を変えていました。日本でも逓信省などで、ストライキなどあったにもかかわらず、回り回って届けてくれた。私は、

早速銀行に行きます。まず、送金します……」とありました。

ここまで読んだ時、涙で紙面がまったくかすんでしまったのです。もう一度読み返した時、今度は思わず吹き出してしまいました。

「結婚したとの事、電気釜でも送ろうと思っている。……」

私は、おかしくてたまりません。ドロンコ竈を造り、薪をくべて原始的な生活をしていることなど、兄には想像もつかないのでしょう。

それからは、毎月必ず一回兄から衣、食、日常用品、薬品にいたるまで実にいたれりつくせりの物とそのために払う税金が送られてきました。この事は、たちまち農場で評判となり、或る隊長などは、私の顔をみる度に「又、日本から何か送ってきたかね？」

「何でもすごく大きな鏡を送ってきたんだって？」

などと聞きます。

「いくらなんでも鏡なんか送ってきませんよ。あれは、折り畳み式の簡易洋服タンスです」

と、答えるのですが、彼にはどんな物か想像もつかないのです。わざわざ、私の家まで見にきました。兄は、相当苦心して、できるだけ実用向きで目立たぬ物を選んでくれるようですが、現代の先端をいく東京から届く物は、どんな流行遅れの物でも、中国の田舎の農場では珍しく、目立ちます。たとえば、白いレインシューズは当時の中国では上海にもありません。それを履いて出て行くと、皆は珍しがって私に脱がせ靴の中から底までひっくり返して見る。靴下、手袋、肌着、ズボン、何から何まで珍しいのです。ほんとうの事をいえば、これらの品物は、私も初めてでした。

日本は、復興しているのだなと思いました。するとまた旦子はどうしているだろうと、彼女の事ばかり思い出され、恋しいのか、懐かしいのか表現のしようもありません。こんなにも幼年時代の純真無垢な友情が、私と旦子を結び離れないのかと不思議でなりません。旦子は、私をどの程度おぼえていてくれるかしら、私のことをどう思っているだろうか、ただ、ひたすら旦子の事が気になり心配でした。

さて、私は兄から送られてきたお金で、主人の借金を全部返済しました。彼は、借金は自分で返すから欲しい物を買いなさいというのですが、私は、そんな田舎で買いたい物などありません。彼は、実にたくさんの友人がおり、日曜ごとに、入れ代わり立ちかわり遊びにきます。その人達の多くは年寄りや独身なので、くるたびにご馳走しましたので、皆も大喜びでした。農場では、肉類も新鮮な魚も野菜も簡単に手に入りました。

主人は、第一回目のぶどう畑の「放水」で、一躍隊長達の信用を集めました。

「放水」というのはぶどう畑に水を入れる事ですが、土地に高低がありますので技術のある人でないとできません。隊長は、毎年その人選に苦労します。隊長は主人を試してみる積もりで彼を使おうとしたのですが、主人はいきなり、

「あなたのいう通りやるのですか？　それとも私の流儀でやるのですか？」と切り出したのです。隊長は呆れてきいたそうです。

「お前のいう通りにするのなら、これだけの畑に何人の助手と幾つのポンプが要りますか？　そして何時間で終わりますか？」

「助手は一人でいいです。ポンプの元は二つ大きく開けてくれるなら、翌朝六時までにすませます」と、主人の言葉は確信に満ちています。

そして作業が成功に終わった時、助手の男は大得意で、

「この人は本当にやりてですよ。すごく大きな『口』(水をいれるために排水溝の畑に通じる土手の一ヵ所を開ける事を指す）を開けたので、私もびっくりしました。普通、三十センチぐらいしか開けないのに、彼ときたら、一メートル以上開けたので、あとでせきとめるのにどうするかとハラハラしましたが、彼は一丘ごとに開けて行き、堰き止めの時、藁束を作って、非常にたやすくせきとめる方法を使ったのです。私達二人は、二つの大ポンプでどんどんあがってくる水をうまく使って明け方の四時前にはもうみんなすませ、りんご山に行って藁束の中にもぐり込んで寝ていたら、隊長が自転車でみまわりに来て驚いていたよ。ハハハ――」と、愉快そうに笑いました。

その後も、色々な事で主人は隊長と突き当たり、自分の思う通りの仕事をしましたが、彼のやり方は、全て体験にもとづいた具体的な方法なので効果覿面です。隊長もとうと

う主人の実力に感心して何でも相談するようになりました。

私は、男工にも女工にも一目置かれている反面嫌われてもいたようです。

主人が、たまに夜遅くまでよその家で遊んでいると、私は、窓の外から、

「いつまで遊んでいるんですか。何時だと思っているの?」

とやるものですから鶴の一声のように、男達は大急ぎの解散になります。

時代の流れとともに、社会の変化はこの農場にも押し寄せてきて、農場もどんどん変わっていくようです。私達、二人の生活にも変化が起きました。

或る日の話で、彼には母親がおり「文革」の時から音信が跡絶えているという事を知りました。彼女は彼の養母で、実の母ではないのだというのも、初めて分かりました。

そして、叔父や叔母、従兄弟達が、大勢いるのでした。それを聞いて私は、いささか呆れてしまいました。が、よく考えてみると農場まで落ち零れてきた二人は、もともとお互いの家庭の事情など気にしていなかったし、話し合ってもいなかったのです。彼は、私の事を噂で少し知っているくらいのものですが、彼自身は南方人ですし、そのような事はあまり気にもとめてなかったらしいのです。ただ、あとになって彼が、白状したのにこういうのがありました。

彼が最初黙りこくってものもいわなかったのは、仲人役をつとめた友人から、

「あなたは、文化的教養があまりないから、金さんに見抜かれないように出来るだけし

ゃべらない方がいいよ」といわれたからだそうです。

そして、日本語版の「人民中国」もその友人が、わざわざ天津まで行って買ってきたのです。この人は、英語がとても達者で、選抜されて農場の中学の教師として赴任してきたのです。最初は主人とおなじ分場で働いていて、主人の部下だったのですが、主人は自分が学歴がないのにインテリをとても大切にして、彼等を重い肉体労働にはださなかったそうです。主人はそんなことから皆に親しまれたのでしょうが、彼の下には医者とか知識層の人がかなりおりました。（中学教師は現在上海交通大学の英文主任ですし、もう一人の部下は力学の工程師となって、深圳の工場で活躍しております）

私は、何とかして彼を上海に行かせ母親を捜すようにすすめたかったのですが、肝心なお金がないので、チャンスを待つより仕方ありません。兄から送金はありましたが、品物を受け取る時の税金に大分取られ、私の月給は二十五元で、あまった分は生活費にあてなくてはなりませんでした。当時上海までの交通費は、往復で五十元かかりました。それに、十年以上音信の跡絶えた母にお金も少しは置いて来ないわけにいきますまい。私は、三元、五元と倹約して貯める決心をしました。兄から、多額の送金のあった時はまず十元を別枠にしました。

しかし、それでも百元以上貯めるとなれば、二、三年はかかってしまいます。本当に情けなく思いました。

唐山の大地震が起こったのは、ちょうどこの夏です。

忘れもしません――。一九七六年七月二十八日、とても暑い日でした。あまり、蒸し暑いので、私は主人にベッドの上で寝るようにいい、自分はたたきの床にビニールを敷き、その上に布団を敷いて寝る事にしました。

やっと寝付いた時はもう大分夜更けで、うとうとしている耳に何か変な音が聞こえました。

「アレッ？」と思って、耳をすますと地鳴りらしい。とたんに、私は、

「地震だわ！」と、一気にとび起き、ぐーぐー高いびきの主人を揺り起こして、

「早く、早く、地震よ。外にでなくっちゃ！」とせかしました。ねぼけた彼は、「何？何？」

といって、動こうともしません。私が、彼を一生懸命引っ張ったので、やっと座り直した彼は、反対に私を引っ張ってベッドに座らせ、

「落ち着け、怖く無いよ。大丈夫、大丈夫」と押さえるのです。

この間にも家屋はひどく揺れ、竈の上の魔法瓶は三つともパッと飛ばされて割れてしまい、ドアが自然に開いてしまいました。今にも落ちそうな天井、倒れそうな壁に私は夢中で、

「何いってるの、出るのよ外へ。早くっ、出なさいっ」

と叫び、主人を引っ張って外に飛び出しました。この時はまだ、私達の並びの家からは誰も出てきません。私は叫びました。

「早く！　表にでなさい！　大変だわよう」

隣の男工独身宿舎から、ドタン、バタンと男の人がころがりでて、地面に張りついて「アイヤオー、アイヤオー」と生きた心地もなさそうです。次々に転がり出て来た人の中には肩に血がついた人もいます。

よく見ると一棟おいた隣の老夫婦はまだ出てきません。私は、あわてて、主人に、

「早く行っておじいさんとおばあさんを起こしてきてください」

と、せきたてました。ところが主人がドアをとんとん叩いても返事がありません。私は、益々あわてて、自分もドアを叩くのですがそれでも反応がありません。ドアに耳をつけてみて呆れました。まだ二人は、いびきをかいてぐっすり寝込んでいるのです。二人でドアを蹴りまくりました。やっと、人の起きる気配があって、中から鍵を外す音がしてドアはバタンと落ちるような勢いで開きました。なんと、おばあさんは、きちんと服を着て立ってます。

「早く、早く出てください。地震、大地震ですよ」

とたんに、おばあさん、大あわてに転げるようにおじいさんを引っ張って、やっとこさ庭に出て来ました。

地震の後は、ざあ、ざあとひどい大雨です。行く所もないので、バスケット場にある大型農車の車台の鉄枠にビニールをかけてその下で寝る事にしました。こんな事は、めったにない経験ですから、みなさまざまな恰好のままです。男は、ほとんどパンツ一枚でした。

私達は、この時になって初めて食堂が丸潰れになってしまい、独身者達の食事にさしつかえの出来た事が分かりました。私は、主人に大釜にご飯をたいてもらい、独身の男工にわけてあげました。

私達のいた管理処の損害は一番軽く、一人が死亡しただけでしたが、三キロメートルほど離れた「草袋廠」は、何十棟という家屋が、あっという間に皆横倒しとなり、死者や怪我人を出さなかった家は無かったそうです。

その草袋廠と河一つ隔てた病院の前には、死傷者が道路まで、横たえられ、もう、手の施し様もないと、見にいった人が報告するのでした。

とうとう、私達は管理処の川べりへ引っ越す事になりました。各戸自力で防震小屋を建てるよう木材やビニール布が配給され、主人が一人で、奮闘して小さな小さな小屋を建てました。

やがて東京の兄から、珍しく品物を受け取るために払う税金のほかに多額のお金が送られて来ました。多分、地震を知らせたからだと思いますが、大変ありがたく身にしみました。なにしろ、私のへそくりは地震や、小屋を建てるために、軽く吹きとんでしまいましたから。

兄からはテントを送ろうかとか、綿を十キロ送る積もりだとか、吹きだしそうな事ばかり手紙に書いてきました。まもなく私は主人に、上海に行って母親を捜すようにお金を渡しました。

「もし、お母さまが見つかったら、百元を置いてきてください」

彼は喜んででかけましたが、すぐ手紙が来て、母親は健在で叔母の家で世話になっているといってきました。私もほっとし、そういう事なら、しばらく滞在してくるだろうと思ってましたら、一週間でもどって来ました。というのは、一九七六年は中国にとって、災難の年で、周総理が一月八日に、朱徳総司令が七月六日かに、そして九月九日に毛主席が亡くなり、朱徳の亡くなったすぐあと唐山に大地震が起きたのです。そして、とうとう、その年の十月一日の国慶節に「四人組」が倒されました。

「四人組」が、倒されてからというもの、もう、中国は全国的にごったがえしの状態です。農場のようなところさえ、江青の色々な噂が溢れました。私は、「へーっ」とびっくりしたり「ほう、そんな事もあったんですかあ？」と呆れたり、「まさか――」と信じかねたりで、皆がいう事を聞いておりました。

一方、私たちの小屋は、天井が低く頭がつかえそうで、誰のよりもみっともない出来映えなのです。或る若夫婦は、自分達が北京に帰る事が決まったらその小屋へ引っ越すように再三薦めてくれました。その好意に感謝して、私達は、とうとう小屋をいただく事にしました。

やがて、彼等夫婦は、男女一人ずつの子供を連れて北京に戻って行き、私達二人は、その庭つきの小屋に移りました。私は、何よりもこの河沿いの庭が気に入り、暇があると庭をいじって小さな畑を作り、鶏やあひるを飼う小屋を作ったりしました。

翌年の春、ひよこやあひるの雛を飼ったら、卵を産むようになり、私の楽しみになりました。

鶏もあひるもよく育ち、夕方になるとちゃんと、それぞれ自分の家を覚えていて、決して間違いなく帰ってきます。

あひるは毎朝小屋を出る前に卵を産んで、藁の下に隠して行きます。

鶏は産卵の時、私の家の窓のガラスをくちばしでつつき、ドアを十五センチほど開けてやると飛び込んできて、机の下に置いてある藁を敷いた籠の中に一羽ずつ交代に卵を産むので本当に可愛いです。卵を産んだのが、飛びでると次のが入ります。私が、産みおわった鶏に一つまみの米をやると、また外へ遊びに行くのです。つくづく動物の物わかりの良さに感心しました。

次の年、主人と一緒に上海の彼の実家に行き、彼の母親と親戚の人々に会いました。

「ハハキトクスグカエレ」の電報が届いたので行ったのですが、初めて、彼の家の様子が分かりました。母親はぜんそく持ちですがとても優しい人で、彼の親戚は予想外に皆相当な知識階級なのです。そして、それぞれちゃんとした仕事についてました。

従兄弟は十一人もおり、一人をのぞいてみな大学を卒業しており、なかには大学の教授もおりました。又、上海地区の書記をしている人もいました。

このあと、毎年春節になると、主人の母親は私を呼び返しました。やがて私は上海で病気になり、一番良い病院で診てもらった結果、背骨をひどく痛めている事が分かりました。そのレントゲンフィルムを持ち帰り、農場の医者にみせましたら医者も驚いて、すぐに「病気退職」の手続きをとってくれました。

そうなると月給は十九元二十銭になり、煙草代にも足りません。

この頃、中学の英語教師は「四人組」が倒されたからといって嬉々として北京に戻って行きました。

彼等は、私に何度も何度も手紙をくれて、「なんといってもあなたは、人材なのだから、一日も早く『平反』の手続きをとって、北京にもどってらっしゃい」とすすめてくれたのですが、私は、動きませんでした。

第一に、私には帰る家がない。第二に、私のいた編訳社はもう解散してしまっているから、帰っても復職出来ない。第三に、私は、中国の学校に行った事がないので一人も友人がない。第四に、私は、甥や姪をあてにする気は全くない。――けれど、十九元二十銭では、どうやっても生きてはいけません。上海の母にも送金しなくてはなりません。

第十二章　北京での新生活

実に思いがけない事が起こったのです。

或る日とつぜん、学習院時代の友人町田幹子《ことこ》さんから手紙をいただいたのです。この方は愛新覚羅浩さんのお妹さんです。飛び上がるほどの嬉しさでした。せきを切った滝のように、一瞬に学校時代の懐かしい思い出がよみがえり、しばらくはただぼうぜんとしてました。彼女は多分私の立場をきづかってくださったのでしょうか、書面は、葉書でしたが、いま、北京にきているから、すぐに、出てらっしゃいとあり、旅費まで送って下さったのです。北京飯店でお会いする事になりました。

当日、高鳴る胸を押さえながら、ホテルのロビーで待ってますと、現れた彼女は、もう何十年も会ってないのにすぐ分かりました。抱き合って再会を喜びました。彼女は、旦子に頼まれてもう三年も私を捜していたのだそうです。

――あーあ、旦子とは、やはり、心がつながっていたのだ――もう、感慨無量でした。

嬉しさと感激で何を話したかも覚えておりません。

ホテルの前で写真をとって、日本に持っていってくれました。

この事は、私を一段と勇気づけました。私の事を忘れないでいてくれる旦子のためにもきちんとした仕事につかなくてはと、思いがつきあげて来ました。

どうしても、「平反」の手続きを取ろう、そして、晴天白日の自分に帰るのだと、熱い思いが噴きだしてきたのです。「平反」というのは訴訟を調べ直して前判決の誤りを正すことです。

しかし「平反」の手続きは、容易ではありませんでした。元の職場が残っていれば比較的たやすいのですが、編訳社は文革で解散したままですから、帰る窓口はありません。

そこで私は、ついに思い当たったのです。どうせ、手紙を書くのなら、中央の一番偉い人に書こう。とうとう私は、鄧小平主席宛に手紙を書きました。私は、「平反」を要求したのではありません。一人前の人間として仕事にありつきたかったのです。

手紙の文面は、正確には覚えていませんが、「自分は肉体労働は、もうできないが、頭脳労働なら、まだできるので、仕事をください」という主旨だけは明確に書いたように記憶しています。やがて——ここが中国の立派だと思うところなのですが——、三人の男が、農場にきました。そして、私に色々質問して、「通知を待ちなさい」といって帰っていきました。次に、北京から通知が届き、「北京市落実政策弁公室」に呼ばれました。でも、そのあと呼び出しが何度となく繰り返されるので、私は例によって腹が立ってきました。もう「平反」なんかどうでもいい、どうせ失った二十余年の時間は、もう帰って来ない……、と怒りに満ちた翌日、北京市中等人民法院で、「平反」の証明書をくれました。

それからは政府の関係側から大変丁重に扱われ、しばらくして、私は北京市文史研究館の館員になれたのです。いまもずっとここで働いています。

これで、私の長い壮年時代の空白は一応終わりました。ただし農場から脱出できて、待望の北京で新しい職場についたまではいいのですが、難関が一つありました。北京の住宅難です。結局、親切な友人が、たった二間しかない自分の家の一間に、私を住まわせてくれました。家族の多い家なのに、一言の苦情もいわず、夏など、その家のご主人は道ばたに籐椅子をもち出して寝るほどでした。

私は何度も役所に住宅を催促しましたが、「もう、しばらく待て」とか、「難しい状態なんです」の返事ばかりです。

とうとう、このお宅で長男が結婚し、その嫁がお産をするというせっぱつまった状態になりました。私は思いきって、登場したばかりの趙紫陽総理に事情を訴え、手紙を書きました。今から思うと無謀としか考えられませんが、当たって砕けろとはよくいったもので、まもなく市の管理局から人がきて、一週間もしないうちに私は、現在私が住んでいるマンションに案内されたのです。中国の住宅事情からみると上級の二ＤＫの団地で、私を訪ねてくる日本の人々は皆、いいとこに住んでるわねといいます。

私の流浪の年月も終わりを迎え、現在の私は、日本のたくさんの友人と自由に文通ができ、一九八二年の十月一日には、旦子はじめ学習院の友人のおかげで、終戦後、初めて東京の地におりたちました。四十何年振りで、恩師やクラスメート達と喜びの対面ができたのです。

私は、喜怒哀楽、なかでも怒哀はあまり表面にあらわさないのですが、心の中では死ぬほど苦しみ悲しんだ事が何度もありました。

一日たりとも忘れなかった日本を飛行場でみた瞬間、心臓は喉までとびあがってきたかのように興奮しました。嬉しかったです。旦子と抱き合って、身体全体で、夢ではない現実の喜びの感激を味わったのです。何もいえず、ただ笑いました。

あとがき

私が自伝を書く気になったのは別に前もって計画を立てていたわけではなく、すべてが「きっかけ」から出たものです。最初に私に「書いてみたら？」と言って下さったのは学習院時代で一番仲良しの小坂（旧姓三井）旦子ちゃんでした。その時私は未だ落ちついていない時で、晴天白日の身にはなりましたものの自分の家もなく他人様の家で居候同様の生活をしていたので「そうね、そのうちに書いて見ようかな」くらいの気持ちでした。

二年後、自分の家を分配され、精神的に幾分か落ちつきましたものの、家の中はガランとしていてまるで旅館住いみたいで、書くどころか私の望みはなんとかして家らしい家に整える事だけで一杯でした。

私は一九七九年にやっと晴天白日の身となって北京にもどり、八一年に家をもらったのです。一切初めからやり直しの私は、二十三年目に再びせっせと自分の巣造りを始めたわけです。もう狭いとかお粗末などと言う気はありません。一生懸命なんとかして住みやすく、二間で二十五平方メートルの家を相手に苦心惨憺しました。

もちろんこの間日本のお友達との文通は絶える事なく続けられました。北京にいらした方で私の家を訪ねてくれた方も居り、私は心からよろこび力づけられました。

一九八二年、小坂旦子ちゃんや福岡百合子さん、武久恭子さんのおはからいで学習院の同窓会に招かれる事になり、十月一日、あたかも中華人民共和国の国慶節の日、私はふるえるほどのよろこびで成田飛行場に降り立ち、四十何年ぶりに、一日として忘れる事のなかった幼友達と抱き合えたのです。

このよろこび、この感激は幼い頃の友情に、更に成人してからの友情を重ね、いよいよ固く深まりました。

東京で同窓会に参加し、沢山のお友達からやさしいお言葉とまことに細かいお心くばりに包まれ、アッと言う間に二十日間が過ぎ、又いつ相見ん時やあると後髪を引かれる思いで帰国しました。

この「旧地重遊」で私はたいへん力づけられましたが、又色々と考えさせられもしました。私はお友達の皆さんが自分の人生にそれぞれ異なってはいても業績を残していらっしゃるのが一番羨ましかったのです。

それに反し、自分は何が出来たろう？　社会を離れて過した二十幾年もの長い貴い時間のせめてものつぐないとなるものはないだろうか？　私は、今自分に出来る事は何かを考えました。その時、旦子ちゃんにすすめられた自伝のようなものを日本文で書いて見よう、という気になったのです。

しかし、これも思い立った時に少しずつ書いたり放り出したりしているうちに自己嫌悪に陥ってしまい何ヵ月も取り上げない状態が続きます。

こんな調子で一九八四年を迎えました。この時です。日本から小学校時代のお友達が北京に見えました。この方は私が旅順の小学校へ行っておりました時の古賀校長の令嬢縫子さんです。本来私の姪のクラスメートですが、東京でお会いしてからは大の仲良しとなり、それからは御主人の朝日輝様にも、たいへんお世話になっております。そのお縫ちゃんが私の姪の病気見舞いに北京まで来られたのです。その前に突然或る日、上坂冬子さんが私の家まで来られました。私は以前彼女が芳子姉の事を書いているときいておりましたが、私のところまでとんで来られるとは思いませんでした。もともと私はインタビューなど余り好きではありません。だがこんな遠いところまでお仕事の為めに来られた方に、失礼な行動に出る理由もありません。ところがお会いしてから私は彼女の礼を失わぬサッパリした気性が好きになりました。その後もお縫ちゃんと御一緒に又来られましたが、一つのものを書くのにとてもまじめに調査される態度はさすが御本職に忠実だと感心しました。

この時、私も自伝を書こうかと思っているのと話しのついでに出たのです。上坂さんは見せろ見せてごらんと何度も言われましたがその時持ち出す勇気がなく、とうとうお見せしませんでした。

それでも「書いたら良い」とはげまされ、その後彼女に指導を仰ぐ意味で百枚ばかりのものを送りましたところ、上坂さんはそれを中央公論社に回して下さいました。これは勿論御好意から出た事ですが、私は全く驚いてしまいました。

ところが、さらに全く思いがけない事に、「面白いから続けて書くように」とのお話し……私はしおれた植木が水をもらったようにうれしくなりました。

そこで初めて本気に終りまで書こうという気になったのです。たった一人でも面白いと読んで下さる方がいるとしたら、書く価値ありと思い、それからは仕事の合間に途切れ途切れに夜の時間をつかまえて書き続け、やっと一九八六年の一月に完了したのです。

朝日縫子さん、御主人の煇さん、学習院のクラスメート小坂旦子さん、武久恭子さんは、いつもいつもはげましのお手紙を下さいました。こんなに沢山の方の暖かい友情がなければ今頃になっても未だ書き上げる事は出来なかったでしょう。

私の一生はまことに劇的なものですが、小さい時から日本の学校で学んだ私にとり、今日、日本文でどうやら一冊の本をまとめる事が出来ましたのは、せめてもの記念です。又多くの学友、恩師、及び他の日本のお友達の昔も今も変わらぬ厚き御友情に対し、私の心からのお礼の一部ともなればとねがうものです。

一九八六年六月

愛新覚羅顕琦

顕琦（金黙玉）さんのこと

上坂冬子

辛亥革命によって清朝が亡びたのは、一九一二（明治四十五）年である。

この本の著者、顕琦さんの父君は清朝最後の王族といわれる粛親王で、王朝滅亡を機に一家は三十五番目までの子女をひきつれて旅順に亡命していた。住居は小高い丘の上の、かつてロシアのホテルだった赤レンガの瀟洒な建物だったが、のちに満州国皇帝となった溥儀夫妻にここを明け渡し、夫妻は満州建国までここに住んだといわれている。建物は、いまも同じ場所に残っているはずだが、観光客は旅順に入れないので、容易に見ることはできない。

粛親王は旅順に亡命してから、さらに三人の子女をもうけ、結局三十八人の父親となった。当然、王妃のほかに四人の側妃がある。昭和の初期に男装の麗人として人々の耳目をあつめ関東軍の手先となったとされている川島芳子は、四番目の側妃の生んだ王女で同腹のきょうだいが九人いた。芳子が戦後に漢奸（中国を裏切った人物）として銃殺刑に処されたことはよく知られているが、残るきょうだいもすでに大半が亡くなっている。同腹の王女で健在なのは、もはやこの本の著者の顕琦さんだけになった。

私が川島芳子に注目して取材をはじめたのは四年前（一九八二年）のことである。彼女と同腹の長兄は日本に帰化して東京の郊外で生活しており、この人は川島芳子と行動を共にした期間のもっとも長い人だから、それなりに貴重な証言を得ることができた。しかし私は女として、さらに女きょうだいの証言を欲しいと思い、実の妹である顕琦さんに関心を抱いたのである。

いまから四年前といえば、中国はまだ自由といえる部分がいまよりずっと少なかった。私としては、様々な伝手を頼りに、北京には川島芳子の姪やいとこが散在し、ハイラルにいけば芳子の夫だった人の親族も健在だという情報を摑んだのだが、それを伝えた人は一様に、

「しかし、誰もインタビューには応じないでしょう。何しろ川島芳子といえば、最後には日本の軍服で男装して帝国主義に協力した女性です。親族の人々のなかには、文化大革命の頃、彼女と血縁関係があるというだけで〝いじめ〟の対象になった人もいますから、芳子の名前を聞くだけでぞっとするんじゃないですか。実妹も気性の激しい人だから、訪ねていっても言下に門前払いを喰うかもしれませんよ」

といった。

顕琦さんの家は北京市内からタクシーで三十分ほどの新興住宅地にある。ただでさえ

緊張を要する訪問なのに、言葉の通じない地で住所を書いた紙を運転手に渡しての家探しに私は疲労困憊した。やっと辿りついた団地の一階のドアの前にたって、一瞬、このまま引き返そうかとさえ思ったが、気を取りなおしてドアをあけると、驚いたことに、いきなり、

「上坂さんじゃありませんか」

と、にこやかに声をかけられたのである。ややガラガラ声の、ズボン姿のその人が川島芳子の実の妹であることは一目瞭然であった。姉と妹は目鼻だちがちがうのだが、雰囲気が似ている。

顕琦さんが、いきなり私の名を呼んだのは、一つには彼女が大変な読書家だということによる。2DKの団地のリビングには、ところせましとばかり日本の新刊が並び、私の著書も『慶州ナザレ園』や『遺された妻』はじめ、数冊が目についた。かつて学習院に学んだ彼女にとって、同世代の友人は中国よりもむしろ日本に多いにちがいないし、また彼女を通じて旅順や大連で過ごした日々を思い出す日本人も少なくないのであろう。書棚の新刊は彼女に対する日本からの友情を示しているかのようであった。また後に分かったことだが、学友のみならず、たとえばかつて富士銀行の頭取をつとめておられた岩佐凱実氏や、すでに故人となられたアジア調査会会長の田中香苗氏なども、終始彼女の消息に強い関心を示されて私に問い合わせがあり、私はその交友関係の広さに目を見

張ったものだ。

それはともかくとして、彼女が私の突然の訪問に対してにこやかに応じてみせたもうひとつの理由は、私が川島芳子の取材のために奔走していることが、親族のあいだにいつしか知れわたっていたからである。中国人特有の情報キャッチ能力によるものであろうか。

「親族のものは、口を閉ざして何も話すまいとしているようですが、あたしは違います。だって、あなたが書くと心を決めておられる以上、何らかの著作が何れ世に出るわけでしょ。それなら、できるだけ協力して一つでも多く正しい事実を伝えて貰ったほうがいいと思いますもの。あたしにとっても芳子姉のことは、決して好ましい話題とはいえないし、おまけにあたしは芳子姉と年が離れているので、彼女に関して詳しいことはほとんど知りません。でも知ってる限りのことを話しましょう」

顯琦さんのこの合理的な判断に私は安心もし感謝もしたが、同時に、いま川島芳子を語るのは相当の決断を要することだと承知していたので、

「決してご迷惑のかかる結果にならぬよう、私としても充分な配慮をするつもりでおります」

と言葉を添えた。意外にも彼女は、この言葉を聞くやいなや反論したのである。

「心配ご無用よ。あたしにとって、いまやこの世に恐いものなんて何にもないの。自慢

にもならないけど、あたしは獄中十五年、強制労働七年をへて娑婆に戻ってきた身です。落ちるところまで落ちて、ようやく普通のレベルまで這いあがってきた人間に恐いものなどあるものですか。まかりまちがったって、もういちどアノ生活まで落ちればいいだけの話でしょ。アハ……」

まさに爆笑というほかない笑い声とともにこの感慨を聞かされて、実は一瞬、私は川島芳子の取材を放棄した。清朝の王女として亡命先の旅順で生まれ、成人してから日本で学んで、革新中国で女ざかりを迎えたあと、文革、獄中生活、強制労働をへて、いま自由の翼をひろげる中国で初老期を迎えている彼女は、芳子とは別の、中国近代史を生きた証人としてのエピソードを胸一杯に秘めているにちがいない。おそらくそれは歴史の証人といえるほど大上段なものではなく素朴で断片的な話ではあろうけれど、生き証人ならではの真実を含んだものならば聞きだしておく価値がある。もし彼女に異論がなければ、私が書き残す役をつとめてもいい——と考えたのだ。ところが、それとなく切り出したとたんに、顯琦さんの表情が変わった。

「あたしは、あたしの人生を、いつか書き残そうと思ってます。誰にも代筆は頼まない。対談形式も嫌、インタビューも嫌。上手下手はさておいて、ともかく自分で一字ずつ書くつもりです。これを書かずして、死ねるもんですか。せめて生きた証しとして、自分の手で自分史を書き残したいと思ってます」

すさまじいともいえる気迫のこもった言葉であった。顕琦さんによれば、もともと彼女は美声の持ち主だったそうだ。いまのようなガラガラ声になったのは、炎天下に一掬の水も与えられぬまま鍬をふるった結果だという。おそらく、常軌を逸した条件の下で喉の細胞が変わり、声が変わったのだろうと彼女は述懐した。

もちろん、手記は本人が書くのが一番いい。ましてや細胞が変わるほどの体験を味わった人が、自らの意思で書くといっているならば、余計な協力など有害というものだ。私は彼女に声援をおくって帰国した。

まもなくあとを追いかけるようにして、私の家に続々と彼女の手記が届いたのである。航空便用の薄い用紙に細いペンで流れるように書き綴った文章は、用紙節約のためか空白の部分が全くないほどぎっしりと埋めつくされていて読みにくいことこのうえなかったが、不思議な奔放さが私をひきつけた。読みながら私の胸に、北京郊外の２ＤＫのベッドに這いつくばって深刻な内容を鼻唄まじりに書きなぐっているであろう彼女の表情や、そんな彼女のために台所でせっせと麵を茹でているであろうご主人の姿などが髣髴とした。

彼女は手記を私に送りつけながら、特に何を期待していたわけでもなさそうである。書きたいから書く、書いたから読めという調子であった。そんな人なのである。無邪気といえば無邪気、傍若無人といえば傍若無人である。私は私で面白いものがあるからと出版社に知らせるような才覚は持ち合わせていないし、面倒見のよいほうでもない。この一冊が誕生したのは、たまたま拙宅にきた編集者が分厚い航空便の束に目を止めたことから、はじまっている。

いま、あらためてこうした経緯を振り返ると、私には数奇な運命をくぐり抜けてきた彼女の気迫、あるいは異様な妖気ともいうべきものが、ついに事をここまで運んだという気がしてならない。

この本は、完成された読物として期待すれば物足りない部分も多いとは思うけれど、一人の人間が意思で綴った読物だと思えば、その行間から不思議な活力が伝わってくるのではなかろうか。

『清朝の王女に生れて——日中のはざまで』一九八六年一一月　中央公論社刊

中公文庫

清朝《しんちょう》の王女《おうじょ》に生《うま》れて
——日中《にっちゅう》のはざまで

1990年4月10日　初版発行
2002年12月20日　改版発行
2020年12月25日　改版5刷発行

著　者　愛新覚羅顕琦《あいしんかくらけんき》

発行者　松田陽三

発行所　中央公論新社
〒100-8152　東京都千代田区大手町1-7-1
電話　販売 03-5299-1730　編集 03-5299-1890
URL http://www.chuko.co.jp/

DTP　ハンズ・ミケ
印　刷　三晃印刷
製　本　小泉製本

Published by CHUOKORON-SHINSHA, INC.
Printed in Japan　ISBN978-4-12-204139-4 C1123

い-41-3
ある昭和史　自分史の試み
色川大吉
十五年戦争を主軸に、国民体験の重みをふまえつつ昭和という時代を鋭い視角から描き切り、「自分史」のさきがけとなった異色の同時代史。毎日出版文化賞受賞作。
205420-2

い-103-1
ぼくもいくさに征くのだけれど　竹内浩三の詩と死
稲泉　連
映画監督を夢見つつ23歳で戦死した若者が残した詩は、戦後に蘇り、人々の胸を打った。25歳の著者が、戦場で死ぬことの意味を見つめた大宅壮一ノンフィクション賞受賞作。
204886-7

い-108-6
昭和16年夏の敗戦　新版
猪瀬直樹
日米開戦前、総力戦研究所の精鋭たちが出した結論は「日本必敗」。それでも開戦に至った過程を描き、日本的組織の構造的欠陥を衝く。〈巻末対談〉石破　茂
206892-6

う-9-7
東京焼盡《しょうじん》
内田百閒
空襲に明け暮れる太平洋戦争末期の日々を、文学の目と現実の目をないまぜつつ綴る日録。詩精神あふれる稀有の東京空襲体験記。
204340-4

う-9-12
百鬼園戦後日記Ⅰ
内田百閒
『東京焼盡』の翌日、昭和二十年八月二十二日から二十一年十二月三十一日までを収録。掘立て小屋の暮しを飄然と綴る。〈巻末エッセイ〉谷中安規（全三巻）
206677-9

う-9-13
百鬼園戦後日記Ⅱ
内田百閒
念願の新居完成。焼き出されて以来、三年にわたる小屋暮しは終わる。昭和二十二年一月一日から二十三年五月三十一日までを収録。〈巻末エッセイ〉高原四郎
206691-5

う-9-14
百鬼園戦後日記Ⅲ
内田百閒
自宅へ客を招き九晩かけて還暦を祝う。昭和二十三年六月一日から二十四年十二月三十一日まで。索引付。〈巻末エッセイ〉平山三郎・中村武志〈解説〉佐伯泰英
206704-2

お-2-11
ミンドロ島ふたたび
大岡昇平
自らの生と死との彷徨の跡。亡き戦友への追慕と鎮魂の情をこめて、詩情ゆたかに戦場の島を描く。『俘虜記』の舞台、ミンドロ、レイテへの旅。〈解説〉湯川　豊
206272-6

各書目の下段の数字はISBNコードです。978-4-12が省略してあります。

お-2-13
レイテ戦記(一)
大岡昇平
太平洋戦争の天王山・レイテ島での死闘を再現した戦記文学の金字塔。巻末に講演「『レイテ戦記』の意図」を付す。毎日芸術賞受賞。〈解説〉大江健三郎
206576-5

お-2-14
レイテ戦記(二)
大岡昇平
リモン峠で戦った第一師団の歩兵は、日本の歴史自身と戦っていたのである――インタビュー「『レイテ戦記』を語る」を収録。〈解説〉加賀乙彦
206580-2

お-2-15
レイテ戦記(三)
大岡昇平
マッカーサー大将がレイテ戦終結を宣言後も、徹底抗戦を続ける日本軍。大西巨人との対談「戦争・文学・人間」を巻末に新収録。〈解説〉菅野昭正
206595-6

お-2-16
レイテ戦記(四)
大岡昇平
太平洋戦争最悪の戦場を鎮魂の祈りを込め描く著者渾身の巨篇。巻末に「連載後記」、エッセイ「『レイテ戦記』を直す」を新たに付す。〈解説〉加藤陽子
206610-6

さ-27-3
妻たちの二・二六事件 新装版
澤地久枝
〝至誠〟に殉じた二・二六事件の若き将校たち。彼らへの愛を秘めて激動の昭和を生きた妻たちの三十五年をたどる、感動のドキュメント。〈解説〉中田整一
206499-7

し-10-5
新編 特攻体験と戦後
島尾敏雄
吉田満
戦艦大和からの生還、震洋特攻隊隊長という極限の実体験とそれぞれの思いを二人の作家が語り合う。関連するエッセイを加えた新編増補版。〈解説〉加藤典洋
205984-9

し-10-6
妻への祈り 島尾敏雄作品集
島尾敏雄
梯久美子 編
加計呂麻島での運命の出会いから、二人はどのようにして『死の棘』に至ったのか。島尾敏雄の諸作品から妻ミホの姿を浮かび上がらせる、文庫オリジナル編集。
206303-7

し-11-2
海辺の生と死
島尾ミホ
記憶の奥に刻まれた奄美の暮らしや風物、幼時の思い出、特攻隊長として島にやって来た夫島尾敏雄との出会いなどを、ひたむきな眼差しで心のままに綴る。
205816-3

し-31-5
海軍随筆
獅子文六
海軍兵学校や予科練などを訪れ、生徒や士官の人柄に触れ、共感をこめて歴史を繙く「海軍」秘話の数々。小説『海軍』につづく渾身の随筆集。〈解説〉川村 湊
206000-5

た-7-2
敗戦日記
高見 順
〝最後の文士〟として昭和という時代を見つめ続けた著者の戦時中の記録。日記文学の最高峰であり昭和史の一級資料。昭和二十年の元日から大晦日までを収録。
204560-6

た-15-5
日日雑記
武田百合子
天性の無垢な芸術者が、身辺の出来事や日日の想いを、時には繊細な感性で、時には大胆な発想で、心の赴くままに綴ったエッセイ集。〈解説〉巖谷國士
202796-1

た-15-9
新版 犬が星見た ロシア旅行
武田百合子
夫・武田泰淳とその友人、竹内好との旅を、天真爛漫な目で綴った旅行記。読売文学賞受賞作。竹内好の随筆「交友四十年」を収録した新版。〈解説〉阿部公彦
206651-9

た-15-10
富士日記（上） 新版
武田百合子
夫・武田泰淳と過ごした富士山麓での十三年間を克明に描いた日記文学の白眉。昭和三十九年七月から四十一年九月分を収録。〈巻末エッセイ〉大岡昇平
206737-0

た-15-11
富士日記（中） 新版
武田百合子
愛犬の死、湖上花火、大岡昇平夫妻との交流。昭和四十一年十月から四十四年六月の日記を収録する。田村俊子賞受賞作。〈巻末エッセイ〉しまおまほ
206746-2

た-15-12
富士日記（下） 新版
武田百合子
季節のうつろい、そして夫の病。山荘でともに過ごした最後の日々を綴る。昭和四十四年七月から五十一年九月までを収めた最終巻。〈巻末エッセイ〉武田 花
206754-7

つ-10-7
いっさい夢にござ候 本間雅晴中将伝
角田房子
その死は「バターン死の行進」の報いか、マッカーサーの復讐か。マニラで戦犯として刑死した、理性的で情に厚い〝悲劇の将軍〟の生涯を描く。〈解説〉野村 進
206115-6

各書目の下段の数字はＩＳＢＮコードです。978－4－12が省略してあります。

と-28-1
夢声戦争日記抄　敗戦の記
徳川夢声
活動写真弁士を皮切りに漫談家、俳優としてテレビ・ラジオで活躍したマルチ人間、徳川夢声が太平洋戦争中に綴った貴重な日録。〈解説〉水木しげる
203921-6

と-28-2
夢声戦中日記
徳川夢声
花形弁士から映画俳優に転じ、子役時代の高峰秀子らと共演した名優が、真珠湾攻撃から東京大空襲に到る三年半の日々を克明に綴った記録。〈解説〉濱田研吾
206154-5

の-3-13
戦争童話集
野坂昭如
戦後を放浪しつづける著者が、戦争の悲惨な極限に生まれえた非現実の愛とその終わりを「八月十五日」に集約して描く、万人のための、鎮魂の童話集。
204165-3

ふ-18-1
旅路
藤原てい
戦後の超ベストセラー『流れる星は生きている』の著者が、三十年の後に、激しい試練に立ち向かって生きた人生を辿る感動の半生記。〈解説〉角田房子
201337-7

ふ-18-5
流れる星は生きている
藤原てい
昭和二十年八月、ソ連参戦の夜、夫と引き裂かれた妻と愛児三人の壮絶なる脱出行が始まった。敗戦下の苦難に耐えて生き抜いた一人の女性の厳粛な記録。
204063-2

ほ-1-1
陸軍省軍務局と日米開戦
保阪正康
選択は一つ――大陸撤兵か対米英戦争か。東条内閣成立から開戦に至る二カ月間を、陸軍の政治的中枢である軍務局首脳の動向を通して克明に追求する。
201625-5

ほ-1-18
昭和史の大河を往く5　最強師団の宿命
保阪正康
屯田兵を母体とし、日露戦争から太平洋戦争まで、常に危険な地域へ派兵されてきた旭川第七師団の歴史を俯瞰し、大本営参謀本部の戦略の欠如を明らかにする。
205994-8

ほ-1-19
昭和史の大河を往く6　華族たちの昭和史
保阪正康
明治初頭に誕生し、日本国憲法施行とともに廃止された特権階級は、どのような存在だったのか？　華族たちの苦悩と軌跡を追い、昭和史の空白部分をさぐる。
206064-7